AF541866

आकारों के आसपास

कुँवर नारायण

राधाकृष्ण प्रकाशन

ISBN : 978-81-8361-086-5

आकारों के आसपास

पहला संस्करण : 1973
नौवाँ संस्करण : 2025

मूल्य : ₹395

प्रकाशक
राधाकृष्ण प्रकाशन प्राइवेट लिमिटेड
जी-17, जगतपुरी, दिल्ली-110 051
शाखाएँ : अशोक राजपथ, साइंस कॉलेज के सामने, पटना-800 006
पहली मंजिल, दरबारी बिल्डिंग, महात्मा गांधी मार्ग, प्रयागराज-211 001
1, अनमोल सोराबजी संतुक लेन, धोबी तलाव, मरीन लाइंस, मुम्बई-400 002
वेबसाइट : www.radhakrishnaprakashan.com
ई-मेल : info@radhakrishnaprakashan.com

मुद्रक
बी.के. ऑफसेट
नवीन शाहदरा, दिल्ली-110 032

AAKARON KE AASPAS
Stories by Kunwar Narayan

श्रद्धेय श्री केशवदेव गोयनका एवं
श्रीमती इन्दुमती गोयनका की स्मृति में

पाठकों से

(प्रथम संस्करण की भूमिका)

कहानियों का यही संग्रह आज से पाँच-छह वर्ष पहले भी छप सकता था लेकिन उस समय कहानियों की कोई किताब निकालना लामुहाला उस बहस में पड़ जाना होता जिससे शायद किसी कवि-कहानीक़ार के लिए सही-सलामत छूटना मुश्किल ही था। कहानी को लेकर बहसों का वह तूमार आज बहुत कुछ थक चुका है और शायद बातें अब ज़्यादा सहूलियत से की जा सकती हैं। स्वभावतः अपनी बात अनुत्तेजित ढंग से कहता हूँ और इसलिए अनुत्तेजित वातावरण में कहना पसन्द करता हूँ। दूसरे, मैं उन बहसों के इस मूलाधार से ही सहमत नहीं कि उपन्यास-लेखन के सन्दर्भ से बिलकुल अलग क़ाटकर कहानी का कोई स्वतन्त्र आन्दोलन खड़ा किया जा सकता है। अतः एक अनुत्तेजित वक्तव्य (?) से बात शुरू करूँ तो कहूँगा...

इन कहानियों में वैसे रोमांचकारी और सनसनीख़ेज़ तत्त्व नहीं मिलेंगे जैसे कि आमतौर पर कहानियों में होना लाज़िम समझा जाता है। न इनमें कड़वे यथार्थ की झाँकी है, न मीठे प्रेम की कल्पना, न पहेली बुझानेवाले चारित्रिक दाँवपेंच, न मनोवैज्ञानिक तिकड़मों में उलझाया हुआ सेक्स और क्राइम... सच पूछिए तो इन सबको ठंडे दिल-दिमाग़ से सोचते हुए बातचीत का एक अन्दाज़ है—यथार्थ से एक रोमांस। कुछ इस तरह मानो रोमांस यथार्थ से पलायन न होकर उसी

की एक ख़ास पहचान या अतिरिक्त माप हो। (यहाँ मैं रोमांस शब्द ठीक उन्हीं अर्थों में इस्तेमाल कर रहा हूँ जिन अर्थों में सरवांतेस का *डॉन किहोते* एक रोमांस है।) कहानी कहते समय मैं पाठक को यह यक़ीन दिलाने की कोशिश नहीं करता कि कहानी नहीं कह रहा हूँ, बल्कि जगह-जगह पाठक को अपनी तरफ़ करके कहता चलता हूँ कि यह यथार्थ नहीं, सिर्फ़ कहानी है—कुछ इस तरह कि पाठक को मेरे कहने पर शक होने लगे और वह अपने-आपसे सवाल करे कि क्या सचमुच यह कहानी ही है या उससे भिन्न कुछ भी? यथार्थ के नाम पर कहानी नहीं, कहानी के नाम पर यथार्थ की बात करता हूँ—उस यथार्थ की बात जिसे केवल व्यावहारिक स्तर पर नहीं, मुख्यतः मानसिक स्तर पर जिया जाता है। अकसर इन कहानियों में पात्रों और घटनाओं को केवल गवाही की तरह लाकर मनुष्य की नियति का मुक़दमा पेश किया गया है। 'सन्दिग्ध चालें' तथा 'गुड़ियों का खेल' जैसी कहानियों में मैंने पात्रों और घटनाओं का बिलकुल मोटा ख़ाका—लोककलाओं के अनुरूप—खींचकर उन्हें एक मानवीय फ़लक पर एक तरह चलाकर छोड़ दिया है कि उनकी प्रकृति ही उनकी नियति बन जाती है। कहीं-कहीं पूरी कहानी को बिलकुल एबस्ट्रैक्शन के स्तर पर रखकर कुछ ठोस निष्कर्षों से नत्थी कर दिया है मानो सारा अनुभव वस्तुओं और घटनाओं के नहीं, एक ख़ास तरह के मानसिक सन्दर्भ में जिया जा रहा है, जैसे 'आकारों के आसपास' या 'आशंका' कहानी में। 'दो आदमियों की लड़ाई' में *पंचतन्त्र* और *ईसप्स फ़ेबल्स* की तकनीक को उलट दिया गया है जिसमें आदमियों के स्वभाव से जानवर मनोरंजन और शिक्षा ग्रहण करते हैं। संक्षेप में, मैंने कई कहानियों को एक ख़ास तरह इस्तेमाल किया है, कहानी की किसी परिचित जाति को ठेस पहुँचाकर। इस ठेस पहुँचाने के दौरान मैंने पाठक से एक नए दृष्टिकोण की माँग की है जिसमें वह कहानी के जादू से मुग्ध होकर नहीं, कहानीकार के साथ पूरी तरह

जागा रहकर अपने-आपसे तर्क-वितर्क करता चलता है। इस कोशिश में कहानियाँ कभी-कभी कविता और निबन्ध की विधा के काफ़ी निकट आ गई हैं लेकिन शायद इस तरह नहीं कि उनकी बुनियादी पहचान ही गुम हो गई हो। कई बार किसी साहित्यिक विधा को उसकी ठस जातीयता के बेलोचपन से उबारने के लिए भी ज़रूरी होता है कि उसमें एक विस्फोट पैदा किया जाए—बाहरी तत्त्वों की घुसपैठ करा के। ज़्यादातर कहानीकारों का ध्यान विषय पर ही केन्द्रित रहा और यथार्थ के नाम पर सेक्स, हिंसा, पारिवारिक और सामाजिक मुश्किलों आदि को ही कहानियों का विषय बनाया गया, लेकिन कहानी के आन्तरिक स्ट्रक्चर को लेकर बहुत सतर्क प्रयोग कम ही देखने में आए। इन कहानियों में जहाँ कथा-तत्त्व को गौण रखा गया है उसकी एक वजह यह भी रही कि मैं कहानी की शुद्ध प्रयोगात्मक सम्भावनाओं की छानबीन करना चाहता था। उपलब्धि जो भी हो, कोशिश मुझे बेकार नहीं लगी...।

सभी कहानियों में प्रयोग का एक-सा आग्रह नहीं रहा। कुछ में कथ्य को ही प्रमुखता देकर कहानी के सहज रूप को अपने-आप बनने दिया गया है। लेकिन इनमें भी मैंने कथाकार की उपस्थिति को पात्रों के काफ़ी नज़दीक रखा है—कुछ इस तरह मानो वह क़िस्से को केवल बयान ही नहीं कर रहा, उसे सोच भी रहा है, नाटकों के कोरस की तरह। इसीलिए भाषा भी जान-बूझकर कई स्तरों पर रखी गई है ताकि अर्थों के रंग विभिन्न बौद्धिक और भावात्मक ज़मीनों पर महसूस किए जा सकें।

—**कुँवर नारायण**

अनुक्रम

आकारों के आसपास

इस कमरे की चार दीवारों से एक आन्तरिकता बनती है जिसमें सुरक्षा है और आत्मीय स्वतन्त्रता। चाहे बेसुध सोता रहूँ, कोई नहीं जगाएगा। चाहे संघर्ष करूँ—इन दीवारों से, या अपने से। हो सकता है कुछ टूटे, मुझमें या मुझसे : दोनों ही दशाओं में जो मिलेगा वह अपनी एक नई पहचान हो सकती है, या नया अवसर कि अपने को कहीं से शुरू करके कहीं भी समाप्त कर दूँ। इस तरह भी जी सकता हूँ कि बहुत-सी ऐसी चीज़ों को मुझे आज़माने का मौक़ा ही न मिले जिनसे मैं सहमत नहीं। अपने को धोखा दे सकता हूँ इस तरह

कि बाहर कहीं ईश्वर की मृत्यु हो जाए...न सूरज चमके, न चाँद, न तारे...और यह जन्मसिद्ध दुनिया केवल झूठ लगे।

हवा शायद धीरे-धीरे किवाड़ खटखटाती है। उदासी में यह बाधा सुखद है। मैं उठकर दरवाज़ा खोल देता हूँ। 'मैं अन्दर आ सकती हूँ?' और इसके पहले कि मैं कुछ कह सकूँ वह निःसंकोच कमरे में घुसकर अपने लायक जगह ढूँढ़ने लगती है, यहाँ, वहाँ, कहीं। बीच में मैं पड़ जाता हूँ तो कभी बाल बिखेर देती, कभी चूम लेती, कभी गुदगुदाकर स्वयं हँस पड़ती। ढीठ और निर्लज्ज।

'अपनी उदासी से कहो थोड़ी जगह और दे तो उसको भी अन्दर बुला लूँ,' वह खिड़की की ओर इशारा करती है। एक चमकता हुआ हँसमुख चेहरा खिड़की के शीशे से झाँक रहा था। कोई शरारती बच्चा? नहीं, शायद थोड़ी-सी रोशनी ढेर-से अँधेरे में। कुछ उछलते हुए मैंने खिड़की भी खोल दी। वह कूदकर कमरे में आ गया, इतनी फुर्ती से मानो कमरे में ही था। कुछ सोचकर वह ठिठक गया। उसके आने से मैंने कोई उत्साह क्यों नहीं दिखाया? उसका आना कोई नई बात भले ही न रही हो, खुशी की बात तो थी ही। वह शायद कमरे की हर चीज़ से खेलना चाहता था और मेरी ओर से उस मौन अनुमति को चाह रहा था जिसे बच्चे अपना अधिकार समझते हैं। मुझे कुछ कहना नहीं था, केवल उसके लड़कपन के सामने अपने को उन्मुक्त छोड़ देना था। लेकिन, आज मुझसे इतना भी न हुआ और मैं जो उसकी ज़िद के आगे मजबूर हो जाया करता था, पत्थर बना बैठा रहा। मैंने उसे न दुत्कारा, न उसका स्वागत किया। केवल उस खुशी के प्रति जो वह लाया था इस तरह पेश आया मानो उसका कोई महत्त्व नहीं क्योंकि वह रोज़ की चीज़ है। वह रोशनी जो सारे कमरे में मचलने के लिए आतुर थी, ज़िद करने लगी। मैंने उठकर खिड़की बन्द कर दी और अनुभव किया कि मुझमें ही कुछ अपमानित हुआ। हवा ने शायद बुरा माना क्योंकि वह चुपचाप दरवाज़े उढ़काकर बाहर चली गई। मैंने उस शान्ति को ग़नीमत समझा जो अकसर मेरे और दूसरों के बीच सम्भव हो जाया करती है।

और उसी रात एक अप्रत्याशित घटना घटी। पड़ोस में एक बच्चे की मृत्यु हो गई।

मेरी उदासी अजीब-सी व्यथा बन जाती है। वह कौन था? वही तो नहीं जो यहाँ था? मैं किस नाते उसे बार-बार सोच रहा हूँ? वह यहाँ था, बस, इसी नाते। ये तसवीरें जो बनाता हूँ—मात्र रेखाएँ और रंग—या वे स्वप्न जो बन जाते हैं, एक-दूसरे में घुले-मिले आकार, वह कहती, 'समझ में नहीं आते।' मैं कहता, 'ये चित्र हवा और रोशनी के हैं—और उसी तरह हैं जैसे आत्मा होती है पर समझ में नहीं आती।' होने को मानना पड़ता है, समझने से पहले। यही तो उस बच्चे की ज़िद थी, जो न जाने क्यों आज मेरी उदासी का आदर कर गया...वह जो मेरे चित्रों को देखकर ख़ुश होता था और उन्हें ग़ैरज़रूरी नहीं समझता था...

इन दीवारों में एक आश्वासन है क्योंकि ये मेरी अपेक्षा बदलतीं नहीं। हवा और रोशनी जिनके आते ही कमरा बदल जाता है, बाहर रखे जा सकते हैं। मैं अपने को कहीं और से आरम्भ कर ले सकता हूँ, इस तरह कि न प्यार करूँ, न शोक, न आशा। ज़िन्दगी के मानी हैं बहुत-सी चीज़ें, कोई एक चीज़ नहीं। और तभी ऐसा लगा कि कमरे की चीज़ों ने मिलकर मेरे सामने एक ऐसी ज़िन्दगी रखी जिसमें न अच्छाई थी, न बुराई, क्योंकि उसमें न ज़रूरतें थीं, न कर्तव्य। केवल एक ऐसा क्रम था जिसमें कहीं स्वयं को साबित करने की मजबूरी न थी।

बाहर हवा चीख़ती-चिल्लाती रही, जैसे उसका कोई मर गया हो।

ये रास्ते-कुरास्ते सरपट दौड़ती बचकानी ज़रूरतें जो अपने हाथ-पाँव तोड़कर बिलख रही हैं—क्यों मानूँ कि इस तरह नहीं जीना, नहीं जीना है? एक संघर्ष वह भी है जो अपनी ज़रूरतों से जीतने के लिए किया जाता है...।

लेकिन वह जो बाहर सिर पीट रही है, केवल हवा है : मेरी बात न समझेगी। लेकिन मैं उसके नाते कुछ इस तरह जीवित हूँ कि मुझे उसकी बात समझनी पड़ेगी...।

मैं चुपचाप उठकर किवाड़ खोलता हूँ और उस आदिम, जंगली तूफ़ान को सीने से चिपका लेता हूँ।

सन्दिग्ध चालें

उसने मानो हमेशा पास ही रखी एक बात को उठाकर मुझे दिखाते हुए कहा, 'देखिए जनाब, बात यह है कि...'

'कि' पर वह रुका और रुका रहा। एक अरसे बाद जब वह लौटा तब तक माहौल बदल चुका था और मैं वहाँ नहीं था। मुझे ढूँढ़ते हुए जो साहब मेरे घर आए, निश्चय ही वे साहब भी वही साहब न थे जिन्हें ढूँढ़ता हुआ मैं उनके घर गया था। अतः इस बार बातचीत का सिलसिला ग़रज़ कि सही तरफ़ से शुरू हुआ और मुझे यह नहीं लगा कि मैं किसी कमबख़्त

से भीख माँग रहा हूँ।

'मैंने आपकी बात पर काफ़ी ग़ौर किया।'

'शुक्रिया।' मैंने उन्हें ग़ौर से देखते हुए और बिना किसी तरह आभारी होते हुए कहा।

'आप मुझे ग़लत समझे।'

'समझा, मैं आपको एक बार फिर से समझने की पूरी कोशिश के लिए तैयार हूँ...।'

'मैं आपकी हर तरह से मदद करने के लिए तैयार हूँ।'

'मेरी मदद? मुझे किसी मदद की ज़रूरत नहीं।'

'मेरा मतलब उस मदद की मदद से है जो आप किसी की करना चाहते हैं...।'

यों तो उस आदमी की सूरत ही पापियों की-सी थी, लेकिन उस पर भी वे ऐंठी हुई मूँछें तो असह्य थीं। उनमें अनावश्यक अत्याचार का प्रतीक झलकता था। सारा चेहरा, लगता था, किसी बनावटी नाटक में खलनायक का पार्ट अदा करने के लिए ख़ास तौर पर रचा गया हो। मूँछों का ऐसा वाहियात प्रदर्शन देखकर उस आदमी की मनोवृत्ति पर तरस आता था। खेल की एक बात सोचकर मन-ही-मन हँसी भी आई—इन मूँछों को अगर दोनों ओर से पकड़कर ज़ोर से खींचा जाए तो क्या वे क्रिसमस के पटाख़ों की तरह बीच से दगेंगी और उनमें से एक छोटा-सा खिलौना निकलेगा? लेकिन मुझे उस नितान्त अप्रासंगिक मनोविनोद को दबाना पड़ा क्योंकि उस तरह के आदमी उस तरह की मूँछें मेरी तरह के आदमियों के मनोविनोद के लिए नहीं रखते, डराने के लिए रखते हैं।

एक भारी रक़म का चेक देते हुए उस आदमी ने कहा, 'अनाथालय खोलिए।'—और बिना मेरी, या किसी की ज़रा भी परवाह किए स्वयं उसकी प्रबन्धक समिति का अध्यक्ष बन गया।

कुछ लोग होते हैं जो कोई उपकार करके उसे जीवन-भर नहीं भूलते, और कभी-न-कभी उसका बदला अवश्य लेते हैं।

प्रबन्धक समिति में कहीं से एक महिला का प्रवेश हुआ—अनाथों की देखभाल के लिए। अनाथों की ओर से मैंने विरोध प्रकट किया कि महिला अनावश्यक थी। महिला की ओर से अध्यक्ष ने राय दी कि मैं मूर्ख हूँ। जीत अध्यक्ष की हुई; अनाथों की ओर से मैं हार गया।

कुछ बातें बहुत आहिस्ता से कही जाती हैं लेकिन बहुत दूर तक सुनाई देती हैं। बहुत दूर पर एक और आदमी था जिसके मूँछें नहीं थीं। बड़े-बड़े दाँत थे। इतने बड़े-बड़े दाँत कि अगर वह चाहता तो पहले आदमी को मूँछों समेत किसी राक्षस की तरह खा जाता। लेकिन उसके पास दाँतों से भी ज़्यादा भयानक एक चीज़ थी जिसमें फँसाकर वह आदमियों को चाहे हमेशा यातना में रखे, चाहे मार डाल सकता था। एक बहुत ही पेचीदा पिंजड़ेनुमा गोरखधंधा मुझे दिखाया उसने, जिसमें तमाम तोते बन्द थे। पूछा, 'जानते हो यह क्या है?'

'पिंजड़ा।'

'पिंजड़े में?'

'तोते।'

'तोतों में?'

'जान।'

'किसकी?'

मैं चुप रहा। एक तोते को हाथ में लेकर बोला, 'उस आदमी की दिखाऊँ कुछ करामात तुमको?' और यह कहकर उस आदमी ने बड़ी ही अभ्यस्त निर्दयता से तोते की एक टाँग मरोड़ना शुरू किया। इतना करना था कि तोते की दर्दनाक आवाज़ के साथ वही मूँछोंवाला आदमी चिल्लाता-लँगड़ाता वहाँ उपस्थित हुआ, 'दुहाई है सरकार की...हमारे माई-बाप...आप हमारे अफ़सर हैं...दया हो, मालिक...मेरी जान बचाइए...मर जाऊँगा...रक्षा कीजिए...हाय हाय...!'

'देखा!' और हँसते हुए उसने तोते की टाँग छोड़ दी। बस, वह आदमी भी ठीक होकर भला-चंगा अपने घर लौट गया। 'मेरे पास ये हज़ारों तोते हैं। जिसकी टाँग कहो दफ़्तर बैठे तोड़ दूँ, आँख फोड़ दूँ, मूँछें नोच लूँ, जान ले लूँ...।'

मैं मान गया कि यह तोतेवाला आदमी उस पैसेवाले मूँछोंवाले से भी ज़्यादा ताक़तवर है—यह भी अन्दाज़ा लगते देर न लगी कि शायद उससे ज़्यादा ख़तरनाक भी।

संयोग या कुयोग की बात, जिस समय तोतेवाला एक दिन मूँछोंवाले के कमरे में सहसा घुसा तो उसने पाया कि समिति के अध्यक्ष और प्रबन्धिका के बीच जिस परम्परा का निर्वाह होना चाहिए वह नहीं हो रहा था—कुछ और हो रहा था। अतः उसने तुरन्त मूँछोंवाले को अपने चमाचम जूते के 'टो' पर रखा और बड़ी बारीकी से उसे गेंद की तरह समिति के कमरे से बाहर उछाल दिया। ख़ाली जगह पर वह न केवल खुद बैठ गया, बल्कि उस महिला को भी बैठा लिया।

एक नए सम्बन्ध का सूत्रपात हुआ। मैं अनाथों का-सा मुँह लेकर रह गया।

मूँछोंवाले ने एक दिन मुझे बुलाया। बोला, 'पैसे वापस करो।'

मैंने उस पर इस सच्चाई का असर डालना चाहा कि वह भी इंसान है, और इस नाते उसे इंसानियत की कुछ सेवा निःस्वार्थ भाव से करनी चाहिए। लेकिन वह असन्दिग्ध नकारान्त पुल्लिंग में बोला, 'मैं कुछ नहीं कर सकता।'

'तो...,' हारकर मुझे कहना पड़ा, 'पैसे जाकर तोतेवाले से माँगो।' इस पर वह बहुत बिगड़ा। बार-बार अपनी मूँछों से मुझे डराते हुए बोला, 'मैंने पैसे तुम्हें दिए थे, तुम्हीं से लूँगा। तोतेवाले से क्या मतलब? सीधे से वापस नहीं करोगे तो टेढ़े से वापस लूँगा। छोड़ूँगा हरगिज़ नहीं, इतना समझ लो। तुम्हारी ही वजह से मेरी इतनी बेइज़्ज़ती हुई, वरना मुझे इन सब झगड़ों से मतलब क्या था!' और उसने चलते समय फिर मुझे अपनी मूँछों से डराया।

मैंने सब बात तोतेवाले से कह दी। वह चुप रहा। मेरे भी चुप रहने पर वह बोला, 'तुम जानो, तुम्हारा काम...।' मेरा सिर घूम गया। उसकी बहुत मिन्नत की कि ज़रा उसके तोते की टाँग ऐंठ

दे, लेकिन उसने मेरी एक न मानी। बोला कि उसके हाथों में तोतों की टाँगें इसलिए नहीं रखी गई हैं कि उन्हें जब चाहे तब ऐंठता रहे। सरकारी तोते हैं, कहीं कोई मर-मरा गया तो अलग सवाल-जवाब की नौबत आ जाएगी।

इधर मूँछोंवाला एक दिन सड़क पर मिल गया। मेरे खुले गले के कोट को बन्द गले का कोट बनाते हुए मनहूस लहजे में बोला, 'पैसे जल्द वापस करो, वरना...,' एक गहरी साँस भरकर, 'यह कॉलर इतना कस दूँगा कि आँखें निकलकर बटनों की जगह आ जाएँगी।' बेहूदा! उस दिन तो पिए हुए था, लेकिन एक दिन जब बिना पिए हुए भी उसने वही बात दोहराई–और वाक़ई कॉलर इतना कसा कि खाँसी आ गई, तब मेरी आँखें सचमुच ज़रा फैलीं।

तोतेवाला भी अपनी जगह पर दृढ़ था। किसी भी तरह मदद करने को तैयार होना तो दूर, उलटे एक दिन मुझे ही धमकाकर बोला, 'अबकी फिर कुछ कहा तो तुम्हारे तोते की टाँग ख़तरे में पड़ जाएगी...।'

मूँछोंवाले से कुछ वक़्त और माँगा। वक्त मिला–बीत भी गया। फिर वही भयानक तक़ाज़ा। साक्षात् यमराज का सामना। उठते-बैठते, सोते-जागते, हमेशा एक मनहूस काली छाया दिल को जकड़े हुए। भूख, प्यास, नींद सब ग़ायब। ज़िन्दगी बेस्वाद। रास्ता चलते डर कि कहीं किसी मोड़ पर उस डरावनी चीज़ का सामना न हो जाए। उसका ख़याल आते ही कोट का कॉलर मानो अपने-आप उठकर गला दबाने लगता, आँखों की जड़ों में पीड़ा होने लगती। उसे कई बार समझाने की कोशिश की कि रुपया दान दिया था, उधार नहीं। पुण्य कार्य में...।

'पुण्य कार्य! शर्म नहीं आती पुण्य को बदनाम करते?'

'लेकिन मैं क्या करूँ इसमें...'

'मेरा रुपया मुझे तुरन्त वापस। मैं बेवकूफ़ बनने के लिए हरगिज़ तैयार नहीं। ऐश के लिए रुपया नहीं दिया था...', वह बुरी तरह भाषा को तोड़-मरोड़कर बदसूरत कर रहा था।

हर तरफ़ से निराश होकर आख़िर औरत की शरण ली—औरत की शरण क्या ली, अपने को हर तरह दयनीय कर लिया। औरत मुझे अपनी शरण में पाकर बहुत ख़ुश हुई। कुछ और निकट आने पर मैंने पाया कि वह औरत से स्त्री हो गई थी। वह एक दिन बोली, 'ये दोनों जानवर मेरे वश में हैं। इन्हें जब चाहूँ नष्ट कर दूँ।' और उसने अपने घर के आँगन में बँधे दोनों जानवरों की ओर इशारा किया। 'दिखाऊँ तमाशा?' और इसके पहले कि मैं उसे अपने 'चाहने' पर थोड़ा नियन्त्रण रख सोचने-समझने के लिए प्रोत्साहित कर पाता उसने अपने 'चाहने' को एक पूर्ण विकसित दुर्घटना का रूप दे दिया; यानी, तोतेवाले को मूँछोंवाले पर छोड़ दिया, जो मूँछोंवाले को मेरे देखते-देखते ही सफ़ाचट कर गया। मैं अन्दर-ही-अन्दर दहल तो गया, लेकिन ऊपर से औरतीय ताक़त की भरपूर दाद दी जो आदमी की कमज़ोरी पर हमेशा से विजयी होती चली आई है।

'लीजिए—आपकी सारी मुश्किल हल।'

'घर जाऊँ?'

'ऐसी जल्दी क्या है? जरा बैठिए तो...।'

'नहीं, अब आज्ञा दीजिए...।'

'बैठिए !'

मैं बैठ गया, दिल समेत। उनकी आज्ञा थी। जब-जब चलने को कहता वे बैठा देतीं। ऐसे ही कुछ दिनों तक होता रहा। और एक दिन, आख़िर उन्होंने मुझे भी ले जाकर अपने आँगन के उस खूँटे से बाँध दिया जिसे मूँछोंवाला ख़ाली कर गया था। तोतेवाला मुझे रोज़ तरेरता। ताड़ से गिरे तो खजूर में अटके। मूँछोंवाले से जान बची तो तोतेवाला। तय था कि किसी दिन यदि औरत की निगाह बदली तो अपनी ख़ैर नहीं। अतः हर तरह से औरत को खुश रखने की कोशिश। जब तोतेवाले से बहुत डर लगता तो स्त्री के आँचल में मुँह छिपा लेता। वह अपनी बाँहों में भरकर मुझे अभय कर देती। एक दिन मेरे ओठों को चूमते हुए बोली, 'तुम डरा मत करो। ये सब तो जानवर हैं, तुम इंसान हो...।'

'इसीलिए तो डरता हूँ।'

'मैं अपने प्राण देकर भी तुम्हारी रक्षा करूँगी। जीवन में एक ही तो इंसान मिला है प्यार करने को, उसे नष्ट नहीं होने दूँगी।'

'अगर मैं इंसान हूँ तो मुझे जानवरों की तरह बाँधकर क्यों रखा है?'

'तुम्हें अपनी आँखों से ओझल नहीं होने देना चाहती। न जाने किस जानवर का तुम शिकार हो जाओ।'

'तोतेवाले को क्यों बाँध रखा है?'

'ताकि वह तुम्हें नष्ट न कर दे।'

मैं उस स्त्री को ध्यान से देख रहा हूँ, जो धीरे-धीरे एक अत्यन्त भली और सुन्दर लड़की में बदलती जा रही है, और जिससे प्यार किया जा सकता है। वह कितनी वीरता से चरित्रहीन थी जो इंसान से लेकर जानवर तक को प्यार दे सकती थी—या प्यार का धोखा दे सकती थी!

उसे मैं एक नाम देता हूँ—जो नाम मेरी समझ में उससे पहले और किसी स्त्री का नहीं था। वह हँसती है, 'बहुत प्यारा नाम है यह। हर भाग्यशालिनी स्त्री का यही नाम होना चाहिए।'

उसके खुले केश, अधमुँदी आँखें। पूर्णतः मेरी वह : फिर भी, न जाने क्यों मन उसके सामने निःसंकोच नहीं हो पाता, केवल कृतज्ञ होकर रह जाता है। उसका यह रूप आईने का मुहताज नहीं, न समय का, क्योंकि वह दोनों से मुक्त आत्मा का उदार सौन्दर्य है जो अँधेरे की घनी विकृत तहों को फाड़ सहसा तारों की तरह जगमगा उठा था। उस क्षण वह असीम प्यार दे सकनेवाली कोई दुर्लभ शक्ति थी। उसके शरीर पर दाग़ हैं : मैं उन्हें गुलाबों पर गिरी ओस से धो डालना चाहता हूँ। दाग़ नहीं छूटते। वह मेरे परेशान माथे को चूम लेती है—ये दाग़ इस शरीर का अंग बन चुके हैं : बिना इस शरीर को ही बदले इन दाग़ों से छुटकारा नहीं। तुम उनकी ओर मत देखो, केवल मेरी आँखों में देखो जहाँ केवल तुम हो, केवल उत्सव है : जहाँ दूसरे नहीं हैं।

तोतेवाले से आख़िर नहीं रहा गया। एक दिन रस्सी तोड़ डाली और मेरी ओर झपटा। स्त्री बीच में आ गई—उसने मुझे ढकेलकर कमरे से बाहर कर दिया और कमरा अन्दर से बन्द कर लिया—तोतेवाला पागलों की तरह चिल्ला रहा था। एकाएक भयानक ख़ामोशी छा गई। मैं किसी स्वप्न के बाहर था और एक बन्द दरवाज़ा पीट रहा था। लोग जमा होने लगे थे। दरवाज़ा तोड़ा गया। स्त्री फ़र्श पर लहूलुहान पड़ी थी : किसी जानवर ने उसके कोमल शरीर पर जगह-जगह अपने दाँत और पंजे धँसा दिए थे। लोगों ने जानवर को पकड़कर मार डाला।

गुड़ियों का खेल

आधार हटा लिये जाने पर भी वह गुड़िया गिरी नहीं—लगा कि हवा में टिकी हुई हाथ-पैर फेंक रही है। इस कमाल पर दर्शकों को आश्चर्य से दंग रह जाना चाहिए था, पर दो-एक बच्चों को और बच्चेनुमा बुज़ुर्गों को छोड़कर, बाक़ी लोगों ने इस कमाल पर ऊपरी सराहना दिखाकर अपना रास्ता पकड़ा। गुड़िया का सरकस दिखानेवाले लड़के को इससे शायद हार्दिक कष्ट हुआ, किन्तु लोग यदि बड़े-से-बड़े कमाल में दिलचस्पी नहीं ही लेना चाहें, तो कमाल दिखानेवाला बेचारा आख़िर कर भी क्या सकता है! दूसरे, यह जानते हुए

भी कि वे तमाशा देखने रुके हैं और हर तमाशे की कहीं-न-कहीं अपनी चालाकी होती है, लोग एक कच्ची उम्रवाले लड़के की चालाकी का शिकार होना सहन नहीं कर सकते थे। उस लड़के के पास रखे गुड़ियों के बंडल से गुड़िया ख़रीदना, या उस तमाशे पर इनाम देना, यह स्वीकार करना होता कि लड़का हुनर रखता है, जबकि किसी भी बुज़ुर्ग के सामने स्पष्ट था कि उस लड़के की उम्र अभी इतनी नहीं थी कि वह होशियार लोगों के स्तर का मान लिया जाए।

मैं चुपचाप उस सारी भीड़ से अलग खड़ा लड़के के चेहरे का भाव पढ़ने की कोशिश कर रहा था। न जाने क्यों मुझे उस गुड़िया के सरकस से अधिक गुड़िया की सुन्दरता आकृष्ट कर रही थी। सरकस में कोई ख़ास बात न थी। इस तरह का तमाशा पहले भी देख चुका हूँ, जिसमें एक गुड़िया, या जोकर, बिना आधार के हवा में कलाबाज़ी खाते हैं। उसमें अधिकतर नज़र का धोखा रहता है। यदि कोई सचमुच जानना ही चाहे, तो पता लगा लेना ऐसा कठिन नहीं। इस लड़के के तमाशे को पूरी तरह तो अभी नहीं समझ सका था, लेकिन इतना निश्चित हो गया था कि असली राज़ उस काले कपड़े में छिपा है जिसकी पृष्ठभूमि बनाई गई थी और जिसके बावजूद कभी-कभी काले धागे हिलते हुए दीख जाते थे। लड़के को बिलकुल शर्मिन्दा किया जा सकता था, यदि कोई बढ़कर उन धागों को पकड़ लेता...सारे खेल का भंडाफोड़ हो जाता। लड़का, गुड़िया, दर्शक—सबका सम्बन्ध आमूल बदल जाता उस परदाफ़ाश के अटपटे क्षण में। पर ऐसा करना शायद उस मासूम लड़के के प्रति अनावश्यक निष्ठुरता होती, जबकि उसके खेल से अधिक उसकी कोशिश के प्रति उदारता दिखाने की ज़रूरत थी। मुझे लोगों के रूखे व्यवहार से घृणा हुई, पर किया भी क्या जा सकता था! रुखाई ज़्यादा-से-ज़्यादा अभद्रता की कोटि का अपराध है, जिसके विरुद्ध कोई कार्रवाई नहीं की जा सकती, वरना उन लोगों को उतनी सज़ा तो मिलनी ही चाहिए, जितना कष्ट उन्होंने उस नादान लड़के को अपनी रुखाई से दिया था। अनायास ही मुझे लगा कि मैं उन सब लोगों की ओर से

उस लड़के के सामने अपराधी हूँ...और मुझे किसी-न-किसी रूप में उस अकारण निष्ठुरता का प्रतिकार करना चाहिए।

एक बिलकुल फूहड़-सा सुझाव मन में आया : उस लड़के की सब गुड़ियाँ ख़रीद लूँ। दूसरे ही क्षण—क्या करूँगा इतनी सारी गुड़ियाँ लेकर? इससे अच्छा तो यह होगा कि उस लड़के को कुछ रुपए दे दूँ और गुड़ियाँ उसी के पास रहने दूँ : शान से कह सकता हूँ कि मुझे यह सरकस पसन्द आया, यह रहा तुम्हारा इनाम। अगले साल फिर आना और इससे बेहतर सरकस दिखाने की कोशिश करना। उफ़, हद है दम्भ की! मैं कौन होता हूँ इसे इनाम देनेवाला? यह भी कोई पुराना बादशाही ज़माना है कि खुश हुए तो एक दिन को सल्तनत बख़्श दी, नाराज़ हुए तो सिर उतरवा लिया। इस लड़के को यह एहसास क्यों होने दिया जाए कि वह उन्हें खुश करने के लिए तमाशा दिखाए जो इनाम दे सकते हैं...नहीं, नहीं, यह इनामवाली बात ग़लत है—इससे तो अच्छा इसकी सारी गुड़ियाँ ख़रीद लूँ, चाहे वे घर में पड़ी-पड़ी सड़ जाएँ, चाहे कल से इस लड़के की जगह मुझे गुड़ियों की दुकान लगाकर बैठना पड़े।...क्यों नहीं?

लेकिन मैंने उससे एक बिलकुल अप्रत्याशित सवाल किया—'ये गुड़ियाँ बहुत सुन्दर हैं, ऐसे ही बिक सकती हैं, इनसे सरकस क्यों करवाते हो?'

'सुन्दरता के ख़रीदार कम हैं, सरकस के ज़्यादा, और सुन्दरता के सरकस के सबसे ज़्यादा...इसलिए।'

'तुम बनाते हो इन गुड़ियों को?'

'नहीं!...मेरी बहन। मैं सिर्फ़ इनका सरकस दिखाकर इन्हें बेचता हूँ।' फिर कुछ रुककर बोला, 'ख़रीदेंगे आप एक गुड़िया?'

'एक? मैं ये सब गुड़ियाँ ख़रीद सकता हूँ।'

उसकी आँखें कुछ खुशी, कुछ अविश्वास से फैल गईं और उसने बिलकुल नए सिरे से, बल्कि निराले दृष्टिकोण से मुझमें दिलचस्पी लेना शुरू किया। 'सच?...ये सारी गुड़ियाँ?'

मुझे इस उत्तर से थोड़ी निराशा हुई। उसे मुझमें कोई दिलचस्पी नहीं थी, सिर्फ़ अपनी गुड़ियों में दिलचस्पी थी...वरना वह पूछता कि मैं इतनी गुड़ियाँ लेकर क्या करूँगा? अपनी निराशा को पूरी सफलता से छिपाते हुए मैंने उसी के हित को आगे बढ़ने दिया—

'कितनी गुड़ियाँ हैं तुम्हारे पास?'

'यहाँ तो बीस ही हैं!'

'घर पर?'

'घर पर बहुत-सी हैं...जितनी आप चाहें। और बन भी सकती हैं, अगर आप एडवांस देकर आर्डर बुक कराएँ...।'

लड़का बातचीत से व्यापार-कुशल लगा। उसकी ज़रूरतों ने ही उसे व्यापार-कुशल बनाया हो ऐसा नहीं, सम्भवतः वह स्वभाव से ही व्यापार-कुशल था और उसी के अनुसार उसने अपनी ज़रूरतें बनाईं, या दूसरों ने बनाईं।

घर पर उसकी बहन अकेली थी। उसके घर में लगी गुड़ियों की क़तार देखी तो दंग रह गया। बाज़ारवाली गुड़ियों की अपेक्षा उसकी निजी गुड़ियों की शोभा ही अलग थी। मुझे उसका छोटा-सा व्यस्त कारख़ाना बहुत प्यारा लगा। उस समय भी वह किसी गुड़िया का चेहरा बनाने में व्यस्त थी। मुझे उसने शायद कनखियों से देखा और अपने काम में लगी रही। उसके कन्धों पर पड़ा साड़ी का पल्ला सरककर आगे खिसक आया और उसके सुडौल वक्ष पर टिक गया। उसने मुझे फिर देखा और एक हाथ से पल्ले को कन्धों पर सरका दिया। मैंने अनुभव किया, साड़ी का रंग बेहद चटख़ है। यह भी कि वह लड़की सिर्फ़ अपनी गुड़ियों के प्रति ही पूर्णतः ज़िम्मेदार हो सकती है, बाक़ी मामलों में या तो कम ज़िम्मेदार या ग़ैरज़िम्मेदार। मसलन, सेक्स के मामले में वह बिलकुल ग़ैरज़िम्मेदार हो सकती है। दुष्ट नहीं हो सकती। वह एक बुनियादी भोलापन थी, जिसके लिए शरीर की हर ज़रूरत जायज़ थी।

मैंने अपनी मनपसन्द कुछ गुड़ियों का चुनाव कर लिया और उस लड़के को अपनी दुकान का पता बता दिया। लड़के को इसमें

कोई आपत्ति न थी कि उसकी गुड़ियाँ कोई और अधिक दामों पर बेचे। उसे ख़ुशी थी कि अब उसकी गुड़ियाँ घर बैठे बिका करेंगी।

मेरी दुकान के शो-केस में सजी अपनी गुड़ियों को उसने लापरवाही से देखा और कुछ क्षण के लिए अन्यमनस्क हो गई। मेरा अनुमान ग़लत था कि वह अपनी गुड़ियों के भविष्य के बारे में सोच रही है। वह मेरे बारे में सोच रही थी।

आधा रास्ता तय कर लेने के बाद मानो गन्तव्य में अचानक कोई आकर्षण न रह जाए—न पहुँचने को जी चाहे, न लौटने को। वह इत्मीनान से सड़क के किनारे एक पुलिया पर बैठ गई। उसके ठीक सामने गुलमोहर के भभकते गुच्छे। उन्हें देखती रही...या शायद उनके पार। मैं उसके सामने चुपचाप खड़ा रहूँ, चाहे उसकी बग़ल में बैठ जाऊँ, उसे कोई अन्तर नहीं पड़ेगा।

'क्या बात है? क्या मेरा घर देखना नहीं चाहतीं?'

'नहीं।'

'तो चलिए, आपको वापस आपके घर पहुँचा दूँ।'

'क्या किसी-न-किसी के घर पहुँचना ज़रूरी है?'

'जैसी आपकी इच्छा। तो मैं जाऊँ?'

'ठहरिए! मैं आपसे कुछ पूछना चाहती हूँ।'

'कहिए...।' वह चुप रही, फिर बोली, 'क्या बजा है?'

'छह।'

'सात बज जाने दीजिए, तब।' आश्चर्य हुआ। अजीब लड़की है। मज़ाक़ तो नहीं कर रही!

'सात क्यों?'

'तब तक अँधेरा हो जाएगा। हम एक-दूसरे को देख न सकेंगे, केवल सुन सकेंगे। शायद छू सकेंगे। और तब पहचानने में आसानी होगी। रोशनी में हम एक-दूसरे के सिर्फ़ उस चेहरे को देखेंगे, जो हम सबके सामने इस्तेमाल करते हैं।'

'तब तक क्या करेंगे?'

'यहीं बैठेंगे, किसी ऐसी चीज़ को देखते या सोचते हुए,

जिसका ताल्लुक़ सुन्दरता से हो। जहाँ तक मेरा सवाल है, मैं कोरे आसमान को भी सोचती रह सकती हूँ। आप...।'

'मैं आपकी बनाई गुड़ियों को...सोचने की कोशिश करूँगा।'

वह पुलिया पर थोड़ा खिसककर किनारे हो गई। मुझे पहली बार लगा कि वह स्पष्ट संकेत है कि मैं उसके निकट बैठूँ। उससे थोड़ा हटकर बैठ गया। वह हँसी और मेरे पास खिसक आई, और हम दोनों चुपचाप सात बजने की प्रतीक्षा करने लगे। वह लड़की असाधारण थी, जो एक क्षण में सात बजने मात्र को इतना महत्त्वपूर्ण बना सकती थी।

वह अब मेरे बिलकुल पास सरक आई थी और मेरी बाँह से लिपटकर बैठ गई। सारपूर्ण स्पर्श...सरल और उदात्त। यह क्या है, जिसे अनुभव कर रहा हूँ, पर समझ नहीं रहा। निर्व्याख्येय निकटता।

निष्कर्ष : ईश्वर न तो संज्ञा है, न सर्वनाम। वह विशेषण है, क्रिया विशेषण, या केवल क्रिया। यानी यह लड़की ईश्वर को नहीं, केवल ईश्वरता को समझ सकती है।

'तुम्हें कुछ पूछना था?'

'पूछ तो लिया।'

'उत्तर से सन्तुष्ट हो?'

'अभी नहीं।'

उसके धैर्य ने मुझे विवश कर दिया। उसने कहीं विरोध नहीं किया और मेरी ढुलमुल इच्छा-शक्ति को अपने पक्ष में कर लिया। सारे तर्क के बावजूद मैं उसके इस सरल यक़ीन को नहीं समझ सका कि सवाल मेरे ही नहीं उसके अपने पर नियन्त्रण का भी है। वह पहले ही से जान जाती कि मैं कोई सशक्त तर्क प्रस्तुत करने जा रहा हूँ। चुपचाप मुझे भोली निगाहों से देखती रहती और आधे तर्क पर ही मेरे होंठों को इस तरह चूम लेती कि आगे की बात बेकार हो जाती।

'ऐसे कब तक चलेगा?' मैंने चिन्तित होकर पूछा।

'क्यों, इसमें क्या ख़राबी है?'

'इसमें सब नहीं हैं, केवल हम हैं।'

'सब ज़रूरी हैं?'

'क्यों नहीं? सबकी दुनिया है जिसमें हम हैं। और हमें यह सुख ही नहीं जीना है, इस सुख के बाद भी जीना है।'

'इस सुख के बाद जो है, वह भी 'जीना' है?'

'वह क्या है फिर?'

'वही सब है, और सबकी दुनिया है। इसके लिए मैं गुड़ियाँ बनाऊँगी और तुम उन्हें बेचोगे। इससे ज़्यादा और कुछ उन्हें देने के लिए मैं तैयार नहीं।'

'तुम्हें अपने पर बहुत भरोसा है। मुझे अपने पर इतना नहीं...।'

'मैं जानती हूँ कि तुम अपने सारे तर्क के बाद जिस नेकी पर पहुँचोगे, मैं वहीं अपनी भावनाओं द्वारा पहुँचूँगी।'

'यह तुम्हें कैसे मालूम कि मैं तर्क द्वारा किसी बद-नतीजे पर नहीं पहुँच सकता?'

'वहीं तो मेरी भावना सही है, जो तुम्हारे तर्क नहीं, तुम्हारे स्वभाव को पहचानती है। तुम सही काम करके, ग़लत तर्क ढूँढ़ सकते हो पर सही तर्क के लिए ग़लत काम नहीं कर सकते।'

'सही क्या है, ग़लत क्या है—तर्क तो इसी का है। इसके फ़ैसले के बिना कर्म कैसा?'

'कर्म इस फ़ैसले पर निर्भर नहीं, वैसे ही जैसे हमारा होना हमारी इच्छा पर निर्भर नहीं। बहुत-कुछ पहले से ही हो रहा है जिसमें हम डाल दिए गए हैं। कर्म हमारी स्वेच्छा नहीं, विवशता भी है, और हम अपने ही नहीं, दूसरों के कर्मों से भी बँधते हैं। सारे फ़ैसले और नतीजे इस नियति के अन्दर हैं। उसके बाहर हम सब निर्दोष हैं।' वह रुकी, मानो किसी गहरे सोच में पड़ गई हो। फिर सहसा बोली, 'मैं उन गुड़ियों की सीमा जानती हूँ, जिन्हें बनाती हूँ और जिनसे सरकस करवाती हूँ। जब वे हवा में झूलती और उलटती-पलटती हैं, तो अकसर निर्वसन हो जाती हैं, बल्कि उन्हें निवर्सन होना पड़ता है।' उसके चेहरे पर एक शरारत-भरी मुस्कान आ गई थी। कहती रही, 'मैं भी तुम्हारे समाज की ही तरह नग्नता को अश्लील मानती हूँ। इसीलिए इन

गुड़ियों के शरीर में स्त्रीत्व के चिह्न बनाती ही नहीं। सरकस के लिए मजबूर, ये बेचारी बिना दिमाग़ अपनी नग्नता के लिए उचित तर्क कहाँ खोज पातीं? हूँ न मैं उस ईश्वर से ज़्यादा दयालु, जिसने हमें बिलकुल नंगा करके इस दुनिया में भेज दिया? या हो सकता है, उसे नग्नता से परहेज़ न हो?'

'परहेज़ ज़रूर होगा, वरना वह हमें भी तुम्हारी गुड़ियों की तरह बिना दिमाग़ का बनाता। हमारे ऊपर भला यह ज़िम्मेदारी क्यों लादता कि हम अपनी नग्नता को छिपाने के लिए तर्क ढूँढ़ें? एक बात और, यदि सचमुच तुम्हारी गुड़ियाँ नग्न नहीं हो सकतीं, तो फिर इन्हें सुन्दर कपड़ों से क्यों सजाया है?'

'ताकि ये देखने में शरीफ़ लगें और कोई इस राज़ को जान न सके कि वे अन्दर से क्या हैं।'

'जानती हो, तुम्हें लोग पागल भी कह सकते हैं?'

'लोग बिना सोचे कुछ भी कह सकते हैं। सोचें तो सिर्फ़ उसे पागल कहेंगे, जिसने हमें बनाया।'

उसकी बातें व्यावहारिक नहीं लगतीं, क्योंकि वे हमें दूसरों से बहुत दूर, एक-दूसरे के बहुत निकट लिये जा रही थीं। उसका ध्यान उस पुलिया पर नहीं था, जिस पर वह बैठी थी। लेकिन भविष्य में वह जगह शायद महत्त्वपूर्ण हो सकती थी। मेरे सुनने और उसके कहने के बीच एक गहरी खाई थी...नहीं, नहीं, शायद एक दरार-भर थी, जिसमें दुनिया-भर के कनखजूरे रेंग रहे थे। हमारे चारों ओर या हमारे आसपास कोई ऐसी चीज़ नहीं थी, जिसे गहरी कहा जा सके। सबसे महत्त्वपूर्ण चीज़ वह पुलिया थी, जिस पर हम साथ बैठे थे।

आज वह बहुत ख़ुश नज़र आ रही थी। मिलते ही चहककर बोली, 'आज मैंने विवाह कर डाला, सवेरे।'

'...!!!'

'तुम्हें इतना ताज्जुब क्यों?'

'किसके साथ?'

'है एक मूर्ख।'

'क्यों?'

'मैं माँ बननेवाली थी, मेरे बच्चे के लिए एक पिता की ज़रूरत थी।'

'लेकिन वह कौन था?'

नाराज़गी से बोली, 'तुमसे मतलब?'

'मैं?'

'कोई हो। जब तुमसे पिता बनने को नहीं कह रही हूँ तो तुम्हें चिन्ता कैसी?'

'मैंने पिता बनने से कब इनकार किया...यदि मेरा बच्चा है तो...।'

'यही तो। हो सकता है तुम्हारा न हो। उसी का हो, जो पिता बनने जा रहा है, या उसका भी न हो, या...।'

'हे ईश्वर! तुम मनुष्य हो...?'

'ईश्वर मनुष्य नहीं है, और जो भी हो। मैं मनुष्य हूँ, और कुछ नहीं। न ईश्वर, न...।'

'क्या तुम्हें मुझ पर विश्वास नहीं था?'

'विश्वास? तुम पर था, तुम्हारी परिस्थितियों पर नहीं।'

'अन्याय मत करो। मैं तुमसे विवाह कर सकता था...हर दशा में...।'

'सच?'

'सच!'

'क्यों?'

'क्योंकि मैं तुमसे प्यार करता हूँ।'

'प्यार...बहुत बड़ा कारण तो नहीं। इससे बड़ी तो बहुत-सी साधारण बातें होती हैं, जिनकी वजह से प्यार नहीं हो पाता, या विवाह नहीं हो पाता...।'

'मुझे दुख है कि तुम एक मामूली-सी बात को मानना नहीं चाह रही हो...।'

'मामूली-सी बात है तो मान सकती हूँ, क्योंकि तब वह घटित भी हो सकती है। बड़ी बात से डरती हूँ। तो क्या तुम सचमुच

मुझसे विवाह करने को तैयार हो?'

'हाँ, लेकिन तुम तो...।'

'मैंने अभी शादी नहीं की है।'

'और...?'

'न माँ बनने जा रही हूँ।'

'तो यह सब झूठ था?'

'झूठ नहीं, सच था, जो अभी घटित नहीं हुआ। इच्छा हुई कि कुछ क्षण एक घटना को किसी अत्यन्त मूर्खतापूर्ण परिणाम की ओर से उलटकर किसी सुन्दर कारण की दिशा से जिऊँ। इसमें तुम्हें नहीं, मैंने केवल अपने को धोखा दिया है। तुम मुझे प्यार करते हो और मुझसे विवाह के लिए तैयार हो...इससे अधिक सुन्दर और क्या हो सकता है? क्या यह झूठ है?'

'नहीं।'

'घबराओ मत। मैं तुमसे विवाह नहीं करूँगी...।'

'ठहरो। इतने सुन्दर कारण तक पहुँचकर उसे किसी भद्दे नतीजे पर मत पहुँचा दो...।'

'नतीजा मेरे हाथ में नहीं, लेकिन उसकी व्याख्या मेरे ही हाथ में है। अगर गुड़ियाँ रच सकती हूँ, तो ख़ुशी भी।'

'क्या तुम अपने जीवन में ख़ुश हो?'

'ख़ुशी होती नहीं, वह बनाई जाती है। जब चाहती हूँ ज़िन्दगी के किसी भी कच्चे माल से एक गुड़िया-सी ख़ुशी रच लेती हूँ। जब उससे ऊब जाती हूँ तो उसे छोड़कर नया कुछ रचती हूँ। जब ख़ुशियों से ऊब जाती हूँ तो कुछ नहीं करती—एक लम्बी, बेवक़ूफ़ उदासी से अपने का घेरकर किसी बेमतलब चीज़ को एकदम शुरू से सोचने लगती हूँ।'

'उससे क्या होता है?'

'यह एहसास कि ख़ुशियों से भी बड़ी कोई चीज़ है, जो इस दुनिया में नहीं।'

'ईश्वर?'

'ईश्वर...ईश्वर...ईश्वर...तुम बार-बार इस महाविराम को उठाकर क्यों रख देते हो सामने? ईश्वर इसी दुनिया की चीज़

है। मैं कुछ और कह रही थी। इस दुनिया से अपेक्षा न होने की बात।'

'इतने बारीक स्तर पर ज़िन्दगी को नहीं जिया जा सकता।'

'मेरे लिए अगर ज़िन्दगी के कोई मानी हैं, तो बारीक स्तर पर ही, वरना दो-एक क़हक़हों और आँसुओं के बाद समाप्त हो जाना चाहिए इसे...।'

'ज़िन्दगी की ज़रूरतें स्थूल हैं, सूक्ष्म नहीं।'

उसके घर के सामने चार-पाँच आदमियों की परेशान भीड़-सी इकट्ठा थी। ख़बर मिली कि उसका भाई किसी मोटर के नीचे आ गया था, अस्पताल में है।

जिस समय हम लोग अस्पताल पहुँचे, उसे ख़ून दिया जा रहा था। लड़के ने शायद बहन के कोमल स्पर्श को पहचानकर आँखें खोलीं। उसकी आँखें मानो बहन के चेहरे पर कुछ खोजती रहीं, फिर उसने आँखें बन्द कर लीं। वह उठकर बाहर बरामदे में मेरे पास आ गई।

'तुम्हें उसके पास रहना चाहिए।'

'वह बेहोश है।'

'फिर भी...।'

'तुम्हारे सन्तोष के लिए उसके सिरहाने बैठी रह सकती हूँ।'

'क्यों...तुम्हें इसमें कोई सन्तोष नहीं होगा?'

'मेरे सन्तोष की बात नहीं। सवाल है उसके सन्तोष का, जिसके सिरहाने बैठूँगी।'

वह होश में नहीं आया। दूसरे दिन उसके घर पहुँचा, तो देखा कि वह अपने भाई के कमरे में बिलकुल निश्चेष्ट बैठी थी। मैं बिना कुछ कहे उसके पास चुपचाप बैठ गया। थोड़ी देर बाद उसे मानो मेरे वहाँ होने का ध्यान आया। बोली, 'यह जो कुछ हुआ, इसे तुम जीवन की स्थूल क्षति समझते हो या सूक्ष्म?'

'देखने पर निर्भर करता है। बहुत नज़दीक से देखा जाए तो स्थूल, बहुत दूर से देखा जाए तो सूक्ष्म।'

'मैं उसे भूल नहीं पा रही हूँ। कोई स्थूल उपाय बताओ...।' कुछ रुककर वह मेरे बिलकुल समीप खिसक आई। मेरे चेहरे पर हाथ फेरती हुई बोली, 'तुम...तुम प्यार कर सकते हो? अभी...इस समय...यहीं...!'

'उफ़! बीस्ट...!'

'बीस्ट! मुझे भी स्थूल भयानक लगता है। जैसे बेवक़्त उसकी मौत, और बेवक़्त तुमसे प्यार। उससे भी अधिक भयानक है यह सम्भावना कि प्यार भी घटित हो सकता है, उसी मौत की तरह, बिना मेरे चाहे। मेरी नहीं, दूसरों की स्थूल ज़रूरतें मुझे मजबूर कर सकती हैं!'

आज कई दिनों बाद उसके घर गया। वह गुमसुम बैठी थी। दुकान में गुड़ियाँ समाप्त हो गई थीं। चाहता था कि वह फिर से अपने काम में दिलचस्पी ले, पर कुछ कह न सका। उसने ही कहा, 'कल से काम शुरू करूँगी।'

'आज से क्यों नहीं?'

'क्योंकि कल कभी नहीं आता।'

'इस तरह से कैसे काम चलेगा?' वह चुप रही। मैंने फिर कहा, 'मेरे साथ चलकर रहो।'

'तुम्हारे साथ और बहुत-से लोग हैं, वे क्या कहेंगे?'

'वे चाहे जो कहें। मैं तुम्हें इस तरह अकेला नहीं छोड़ सकता।'

'मैं अकेली नहीं हूँ। मेरे दो हाथ और दिमाग़ मेरे पास हैं, जिनसे जब चाहूँ गुड़ियाँ बना सकती हूँ।'

'मान लो इन हाथों को या दिमाग़ को कुछ हो गया तो?'

'अगर मेरे हाथ और दिमाग़ भी भरोसे लायक नहीं, तो तुम पर ही कितना भरोसा कर सकती हूँ।' उसकी बातों से कभी-कभी सख़्त उलझन होती है। ज़िन्दगी के मामले में इतना तर्क नहीं चलता। मैं उस दिन बिना कुछ कहे चला आया। सोचा, चार-छह दिन बाद जाऊँगा, तब तक शायद उसका मन बदल जाए।

एक हफ़्ते बाद उसके घर गया। सुनकर अवाक् रह गया कि उसने शहर छोड़ दिया है। किसी को कुछ पता न था कि वह कहाँ गई। ग्लानि से मन भर आया। उस बेचारी असहाय लड़की के प्रति और सहानुभूति दिखाई जानी चाहिए थी। हफ़्ते-भर उसे बिलकुल अकेला छोड़कर मैंने शायद अपने जीवन की सबसे बड़ी निर्दयता दिखाई थी।

उस दिन अपनी पत्नी तथा बच्चों के साथ मोटर से घर लौट रहा था। रास्ते में मेला लगा हुआ था। बचा-बचाकर मोटर निकाल रहा था, कि एकाएक गुड़ियों की एक दुकान देखकर ठिठक गया। उनकी आकृति कुछ परिचित लगी। सहसा बीस वर्ष पहले की घटनाएँ दिमाग़ में घूम गईं। लड़की चहक उठी, 'हाय कैसी प्यारी गुड़ियाँ...लेंगे...पापा रोकिए।'

एक लड़का गुड़ियाँ बेच रहा था। उसका भाई?

'ये गुड़ियाँ तुमने बनाई हैं?'

'जी नहीं, मेरी माँ ने।'

कुछ सोचकर फिर पूछा, 'क्या ये सरकस कर सकती हैं?'

उसने मुझे ऐसे देखा मानो किसी सिरफिरे को देख रहा हो। मैंने अपने सवाल की बेवकूफ़ी महसूस की। गुड़ियों को ध्यान से देखता रहा। वे काफ़ी बदल चुकी थीं, पर अत्यन्त सुन्दर थीं आज भी, और उसी कलाकार की याद दिलाती थीं, जिसकी गुड़ियाँ कभी सरकस करती थीं। पर अब उनके चेहरे पर वह चंचलता न थी। लगता था किसी बेवकूफ़ उदासी से अपने को घेरे हुए किसी बेमतलब बात को एकदम शुरू से सोच रही हैं...।

दूसरा चेहरा

ट्रेन के डिब्बे में ठीक मेरे सामने दरवाज़े के पासवाली सीट पर बैठा वह आदमी, निश्चय ही उन आदमियों में से नहीं लगता था जिनके विचारों में कोई परिवर्तन लाना आसान हो। विचारों का परीक्षण नहीं, उनका तत्काल कामचलाऊपन ही जिनकी एकमात्र सार्थकता होती है—ऐसा मानकर चलनेवाले लोगों के वर्ग में ही उसकी मुखाकृति खप सकती थी। इसके अलावा यदि वह और कुछ था, तो उसका चेहरा ग़लत था। वह चिन्तक तो हो ही नहीं सकता था, चिन्तित हो सकता था, चिन्ताजनक हो सकता था, लेकिन यह सब होना

चिन्ताशील होने से भिन्न बात है। फ़िलहाल वह निश्चिन्त दीखता था, और उसकी इस अकारण निश्चिन्तता से, जो उस-जैसे लोगों की स्वाभाविक मुद्रा कही जा सकती है, न जाने क्यों खीज होती थी। यह आदमी इतना सन्तुष्ट क्यों दीखता है?—क्योंकि वह अपने चारों ओर फैले व्यापक असन्तोष से कोई सहानुभूति नहीं रखता। अपने अलावा और किसी के न तो दुख को ही समझता है, न सुख को, और न सुख-दुख की बुनियादी विडम्बना को ही। कल्पनारहित। ठोस। वास्तविक। दुनियादार। सयाना। स्वार्थी। निर्दय।

निर्दय?

क्या यह आदमी निर्दय हो सकता है? हो तो सकता है शायद। शायद हो। शायद है। है। उसके चेहरे पर वे चिह्न हैं जो एक निर्दयी के चेहरे पर होने चाहिए।

बिना तमाम बारीकियों में पड़े मैं उसके चेहरे से एक मोटा-सा सवाल करता हूँ—

'ख़ून कर सकते हो?'

'कर सकता हूँ।' वह चेहरा बेझिझक जवाब देता है, 'किसका ख़ून?'

कितनी मक्कारी से उसने मेरे सवाल की अपूर्णता का फ़ायदा उठाते हुए उसे बेमानी कर दिया था! किसका ख़ून?—किसी आदमी का ख़ून? या किसी ख़तरनाक जानवर का ख़ून? उस चेहरे पर शायद एक नया सन्तोष था।

मैं सवाल को थोड़ा और मोटा करता हूँ—यहाँ तक कि वह कुछ भोंडा लगने लगता है—और धृष्टता से उसे घूरते हुए पूछता हूँ—

'किसी मासूम बच्चे का ख़ून...?'

अपने चेहरे पर गड़ी हुई मेरी आँखों को कुछ नाराज़गी से हटाते हुए वह चेहरा नाकामयाबी से जवाब देता है—

'मुझसे ऐसा सवाल करने का कारण?'

मैं उसे कारण बताता हूँ, पहले ही से यह मानकर कि वह निर्दय है और इसलिए हत्यारा भी हो सकता है, और जो किसी जंगली जानवर का ख़ून कर सकता है, वह किसी बच्चे का भी ख़ूनी हो सकता है।

वह चेहरा भीषण प्रतिरोध करता है कि उसके साथ सरासर अन्याय किया जा रहा है। लेकिन मुझे हत्यारों के साथ कोई सहानुभूति नहीं।

मुझे विश्वास होता जा रहा है कि वह आदमी अगर ख़ून जान-बूझकर न करे, अनजाने में उससे ख़ून हो जाए—तो भी उसको अधिक ग्लानि न होगी। इतना पछतावा उसे हरगिज़ न होगा कि वह हत्या जीवन-भर के लिए उसके अन्तःकरण पर एक सालती हुई वेदना का स्पर्श छोड़ जाए। मुमकिन है दो-एक दिन उसे नींद न आए—अकेले में थोड़ा रो भी ले, या सबके सामने फफक-फफककर रोकर दिखा दे, लेकिन भीतर से सब-कुछ बहुत जल्द ही नॉर्मल हो जाएगा। वह अपने-आपको हर ऐसी चीज़ समझा लेने में पूर्णतः सफल हो जाएगा जिससे उसका दैनिक जीवन पूर्ववत् हो जाए। उस चेहरे से अधिक और कुछ उसमें न टूटेगा, न बिलखेगा। सूअर!

ट्रेन ने अभी-अभी कोई छोटा स्टेशन छोड़ा था और तेज़ी पकड़ रही थी। उस डिब्बे में मेरे और उस व्यक्ति के अलावा चार और यात्री थे। एक अधेड़ सज्जन—जो कोई अफ़सर जान पड़ते थे—अपनी पत्नी और साल-डेढ़ साल के बच्चे के साथ तथा एक वृद्ध। मैं नहीं समझता कि हममें से कोई भी एक-दूसरे से बातचीत के लिए बहुत उत्सुक था—केवल उस बच्चे को छोड़कर जो हममें से हर एक से बातचीत के लिए बहुत उत्सुक था।

यह धारणा पक्की होते ही कि सामने वाला व्यक्ति किसी बच्चे का हत्यारा हो सकता है, मेरा ध्यान उस बच्चे की तरफ़ गया। कितना मासूम चेहरा, और वह आदमी। मैं सोच रहा था उस बच्चे के भोले चेहरे और उस आदमी के क्रूर चेहरे में कोई सम्बन्ध है क्या? हो सकता है। हो सकता है पहले मेरे अन्तर्मन में अनजाने में ही बच्चे का प्यारापन घर कर गया हो और उसे हानि से बचाए रखने की तीव्र उत्कंठा ने ही उस व्यक्ति के चेहरे को विनाश का प्रतीक बना लिया हो!

बच्चा इसी समय इस व्यक्ति को देखकर मुस्कराया। उस व्यक्ति ने नहीं देखा, या शायद देखकर भी नहीं देखा। बच्चे

ने मुँह से कोई अस्पष्ट स्वर निकालकर उस आदमी का ध्यान अपनी ओर आकर्षित करना चाहा। वह बच्चे को केवल रुखाई से देखकर, फिर बाहर की ओर देखने लगा।

गाड़ी उस समय काफ़ी तेज़ी से चली जा रही थी और बाहर का दृश्य यदि बहुत रोचक नहीं तो जल्दी-जल्दी बदलते रहने के कारण अपनी अरोचकता को हम पर लाद नहीं रहा था। वह आदमी अपनी जेब से सिगरेट निकालकर पीने लगा—जलती हुई तीली उसने बुझाकर बाहर फेंक दी। बच्चे का ध्यान माचिस के बक्स पर था, लेकिन उस आदमी ने बिना इसकी परवाह किए डिबिया जेब में रख ली। बच्चा शायद उसके पास जाना चाहता था। उस आदमी ने बच्चे की माँ की ओर देखा। माँ ने बच्चे को बाहर कुछ दिखलाते हुए फुसलाना चाहा।

मुझे उस आदमी के रूखे व्यवहार से अत्यन्त घृणा हुई। ऐसे भी लोग दुनिया में होते हैं जिन्हें बच्चों के ध्यान देने से उलझन होती है! यह आदमी जब अपने बच्चों से मिलता होगा—यदि उसके अपने बच्चे हैं—तो किस तरह?—झपटकर उन्हें गोद में लेते हुए? उनको चूमते हुए? लिपटाते हुए? असम्भव।कल्पनातीत। बच्चे इसे दूर से ही डरते-डरते नमस्कार करते होंगे—और यह कोई उत्तर न दे पाकर, पहले अपने से ही थोड़ा उलझता होगा और फिर किसी और चीज़ से उलझ जाने का रास्ता ढूँढ़ता होगा। उससे किसी प्रकार की भी भावुकता की आशा करना व्यर्थ था। घोर कर्मकांडी—बस, इतना ही।

पटरी के दोनों ओर छोटी-छोटी पहाड़ियों के बीच से ट्रेन झपटती हुई गुज़र रही थी। दूर तक टेसू का जंगल लाल गुच्छे-गुच्छे फूलों से भभक उठा था। उन्हें प्यार से दिखाते हुए माँ ने बच्चे का गाल अपने गाल पर दबा लिया। लेकिन शीघ्र ही बीच में पेड़ों के आ जाने से फूल ओझल हो गए। बच्चा ऊबकर माँ की बाँहों से छूटने के लिए मचलने लगा। उसे सीट से नीचे उतारकर वह स्वेटर बुनने लगी। लड़का सीट पकड़े खड़ा रहा, फिर उसी के सहारे धीरे-धीरे आगे-पीछे चलकर अपने-आप खेलने लगा।

एकाएक गाड़ी की रफ़्तार कम होने लगी, और वह बिलकुल

धीमी हो गई, मानो रुकनेवाली हो पर रुकी नहीं, रेंगती रही। पास कोई स्टेशन नहीं था। उत्सुकतावश हम सब बाहर देख रहे थे। बच्चे पर किसी का ध्यान न था।

सहसा एक झटका लेकर ट्रेन फिर रफ़्तार पकड़ने लगी। इसी के साथ बच्चा लड़खड़ाकर फ़र्श पर गिर पड़ा और उस दरवाज़े की ओर लुढ़क चला जो झटके के कारण खुल गया था। इसके पहले ही कि दूसरों का ध्यान बच्चे की ओर जाता और वे कुछ करते, वह आदमी बिजली की तरह बच्चे की नहीं, उस खुले हुए दरवाज़े की ओर झपटा कि बच्चे के वहाँ तक पहुँचने से पहले ही दरवाज़ा बन्द कर दे, क्योंकि वह बच्चे की अपेक्षा दरवाज़े के अधिक निकट था। लेकिन शायद अपनी अकस्मात गति और गाड़ी की क्रमशः बढ़ती हुई गति की दोहरी अनिश्चितता को सँभाल न सकने के कारण स्वयं सन्तुलन खो बैठा और दरवाज़े की चौखट से टकराकर बाहर की ओर लटक गया—एक हाथ से चौखट पकड़े और दूसरे से खुलता-बन्द होता दरवाज़ा, जो बजाय सहारा देने के उसकी कोशिश में और भी छल डाल रहा था। उसकी स्थिति इस समय ऐसी थी कि बिना दरवाज़े को पूरी ताक़त से खुला रखे वह ट्रेन के निचले पायदान पर पैर नहीं जमा सकता था, और दरवाज़े को खुला रखने का मतलब था कि हाथ फँसे होने के कारण वह बच्चे को दरवाज़े से गिर जाने से नहीं रोक सकता था। इस समय वह बच्चा दरवाज़े के बिलकुल समीप आ गया था। उस आदमी को कठिनाई से कुछ क्षण मिले होंगे यह तय करने के लिए कि दरवाज़े को खुला रखे अपनी जान बचाने के लिए?—या बच्चे को बचाने के लिए दरवाज़ा बन्द करता हुआ बाहर झूल जाए?

यह सब इतनी जल्दी हुआ कि हम में से कोई जब तक दरवाज़े तक पहुँच पाता दरवाज़ा धड़ाक से बन्द हुआ और बच्चा बन्द दरवाज़े से टकराकर अन्दर ही रह गया। कुछ पल तो वह आदमी एक हाथ से दरवाज़े के हैंडिल से लटका पायदान की चपेट खाता रहा, फिर नीचे गिर गया...।

आशंका

किसी गन्दे और डरावने कीड़े की तरह वह कमरे में घुस आया और मेरे काग़ज़ों पर जमकर बैठ गया, शायद उन्हें कुतर-कुतरकर खाने की नीयत से। उसे उठाकर बाहर फेंक देने को जी चाहा। लेकिन वह बेहद घिनौना था। सोचा, नौकर से कहकर उसे बाहर फिंकवा दूँ और अगर एक नौकर काफ़ी न हो, तो कई नौकरों से। वह शायद मेरा इरादा भाँप गया। लेकिन आश्चर्य कि वह इस पर भी बिलकुल नहीं डरा। मैं उस कमज़ोर-सी चीज़ को देख रहा था। समझ में नहीं आ रहा था कि उसके इस दुःसाहस का स्रोत क्या है?

मेरी नाराज़ मुखमुद्रा से भी उसके उद्दंड इत्मीनान में कोई फ़र्क़ नहीं आ रहा था, बल्कि एक बदतमीज़ साहस और भी बढ़ता-सा दिखायी दिया। वह मुझे इस तरह देख रहा था, जैसे मैं उसका कुछ नहीं बिगाड़ सकता, मगर वह चाहे तो सिर्फ़ अपनी उँगलियों के इशारे से मुझे पल-भर में नष्ट कर दे। उस-जैसे जानवर के हाथ में मुझ-जैसे इंसान को नष्ट कर देने की ताक़त हो, यह सोचकर ही मन कटुता और निराशा से भर उठा।

अभी तक उसने अपनी शक्ति का कोई प्रदर्शन नहीं किया था, फिर भी उसका अस्तित्व धीरे-धीरे एक अकारण आतंक का रूप लेता जा रहा था। उस कमरे में केवल दो प्राणी थे—मैं और वह, लेकिन ऐसा जान पड़ता था कि केवल वही जान रहा था कि कौन किसके लिए ज़्यादा बड़ा संकट है। मेरी दृष्टि में उसको किसी भी हालत में मुझसे दूर रहना चाहिए, क्योंकि उसके और मेरे बीच सिवा घृणा के और कोई सम्बन्ध ही न था। उसका मेरे निकट होना मात्र ही इस बात की चेतावनी थी कि मैं किसी-न-किसी प्रकार के ख़तरे से सावधान हो जाऊँ।

सहसा, वह अपनी जगह से चला और दरवाज़े तक पहुँचा। दरवाज़ा बन्द था। इससे उसे इत्मीनान हुआ। उसके चलने का ढंग बड़ा ही अशुभ लगा। उसकी टाँगों में से एक में कोई दोष लगता था, क्योंकि वह तनिक एकंगा होकर चलता था, जैसे केकड़ा। उसके हिलने-डुलने से मानो सारा वातावरण हिला-डुला और मैंने पहली बार अनुभव किया कि उसके आने से कमरे में एक अजीब तरह की सामिष गंध भर गई थी, ऐसी गंध जिसका मैं अभ्यस्त न था, और जो किसी-न-किसी सन्दर्भ में हिंसा और अमानुषिकता का बोध कराती थी। यह भी कि वह ज़्यादातर ख़ूँख़्वार चीज़ों के बीच रहा है, और दया या सहानुभूति जैसे मानवीय गुणों से बिलकुल अनभिज्ञ हो सकता है। परिस्थितियों को सुलझाने का उसका तरीक़ा या तो हमला करना या हमले से बचना जैसी आदिम चेष्टाएँ-भर ही होगा। किसी भी पराई चीज़ के प्रति इसकी पहली प्रतिक्रिया वही होगी जो हर जंगली जानवर की होती है, यानी अविश्वास से कान खड़े हो जाना। चौकन्ने होकर

उसकी ताक़त का अन्दाज़ा लगाना। अगर कमज़ोर मालूम हुआ तो बहुत होशियारी से, दबे पाँवों, झपट्टा मारकर उसे समाप्त या अपने क़ाबू में कर लेना, और अगर अपने से अधिक ताक़तवर लगा तो अपनी पूरी ताक़त से भाग खड़े होना।

लौटकर फिर वह काग़ज़ों पर जुट गया। मैंने देखा कि वह सिर्फ़ ऐसे ही काग़ज़ों में रुचि ले रहा था जिन पर कुछ लिखा था, सादे काग़ज़ों में नहीं। इससे लगा कि उसकी नज़र असल में स्याही पर थी, काग़ज़ों पर नहीं। हर अक्षर को चाटकर देखता, पर ऐसा लगता था कि ज़्यादातर अक्षर उसे पसन्द नहीं आ रहे थे, उनमें उसे अपने मतलब का मसाला नहीं मिल रहा था। मैं बड़े ध्यान से उसकी लाल और क्रूर आँखों को देख रहा था, जो काग़ज़ से क़रीब-क़रीब सटी हुई थीं। उन आँखों से यह नहीं लगता था, कि उनकी ख़ूराक काग़ज़ या अक्षर होंगे, क्योंकि वह जिस एकाग्रता से लिखावटों को देख रहा था, उससे लिखी हुई चीज़ें नहीं, वध की जानेवाली चीज़ें देखी जाती हैं।

ऐसा नहीं कि उसे अपने मन-लायक़ एक भी काग़ज़ न मिला हो। कुछ काग़ज़ों को वह बाक़ी काग़ज़ों से अलग करता जा रहा था, किसी अस्पष्ट इरादे से। हो सकता है कि बहुत पसन्द उसे वे काग़ज़ भी न आए हों, केवल उससे अधिक और कुछ के अभाव में उसने उनसे ही काम चलाने की सोची हो।

अब तक एक बात बिलकुल स्पष्ट हो गई थी कि वह वास्तव में इतना कमज़ोर था नहीं, जितना दीखता था। डीलडौल में भले ही बहुत बड़ा न हो, लेकिन उसके पास ऐसी कोई गुप्त ताक़त थी ज़रूर जिसके बल पर वह मेरे सामने इस तरह अकड़ा हुआ बैठा था। मुँह के अन्दर ज़हरीले दाँत, या छिपे हुए पैने घातक पंजे, जैसे बिल्लियों के होते हैं। यह भी हो सकता है कि उसे गैंडे या सूअर की तरह अपनी मोटी खाल पर भरोसा हो, या घोंघों की तरह उसके पास कोई मोटा कवच हो जिसे, हमला होने पर, वह तुरन्त ओढ़ लेगा। लेकिन इस सम्भावना को मैंने जल्दी ही यह सोचकर रद्द कर दिया कि मेरे पास कोई यह समझकर नहीं आएगा कि

उस पर हमला होगा। ज़्यादा सम्भावना यही है कि वह हमलावर हो। फिर, उसके सारे व्यवहार से यह नहीं लगता था कि वह मुझसे डरा हुआ है, उलटे उसका सारा रवैया ऐसा था जिससे मुझे डरना चाहिए था।

निःसन्देह वह बराबर इस तरह पेश आ रहा था कि मैं उद्विग्न होकर उस पर हमला करूँ, और इस तरह उसे अपनी कोई गुप्त ताक़त दिखाने का मौक़ा दूँ। काग़ज़ों को वह इस लापरवाही से इधर-उधर बिखराता कि असह्य क्रोध से मन जल उठता। मैं उसकी वास्तविक ताक़त का अन्दाज़ लगाने की पूरी कोशिश कर रहा था, क्योंकि अब तक मैं लगभग निश्चिन्त हो चुका था कि उसको अपने से ज़्यादा कमज़ोर समझकर मैंने कहीं घातक ग़लती की है। इस निष्कर्ष का मेरे ऊपर बुरा असर पड़ा क्योंकि मैंने पहली बार अपने को बेहद नर्वस महसूस किया। अब तक मैं यही समझता था कि मैं उसकी तरह की चीज़ों से निरापद हूँ क्योंकि उस तरह की चीज़ों से दूर रहता हूँ, लेकिन अब पाया कि मेरा उनसे दूर रहना कोई मानी नहीं रखता। वे ख़ुद मुझसे दूर रहें तभी मैं सुरक्षित हूँ। मैं अपने को इस तरह घेरकर नहीं बैठ सकता कि मेरे उपायों की संधियों से बहुत छोटे-छोटे कीड़े, जो ज़हरीले हो सकते हैं, मुझ तक न आ सकें। न उन्हें इतना मज़बूत ही बना सकता हूँ कि उन्हें बहुत बड़े-बड़े कीड़े मिलकर ढहा न सकें। मैं कितना सुरक्षित हूँ, यह मुझ पर उतना ही निर्भर करता जितना दूसरों पर, ख़ासकर दूसरों की समझ पर, और अगर कोई एक इंसान को इंसान की हैसियत से न समझना चाहे तो उस इंसान के दुर्भाग्य की कोई सीमा नहीं।

अन्दर-ही-अन्दर मैं अपने को हर तरह के ख़तरे के लिए तैयार कर रहा था, क्योंकि वह, जिसका मुझे इस समय सामना करना था, मुझमें कोई मानवीय विश्वास नहीं प्रोत्साहित कर रहा था। लगता था मैं ऐसे किसी आधे जन्तु, आधी मशीन के सामने हूँ जिससे किसी कल्याण की आशा करना व्यर्थ था।

मैं अपनी जगह से उठने को हुआ, उठा नहीं, शायद यह देखने के लिए कि इससे उस पर क्या असर पड़ता है। वह बिना किसी प्रकार प्रभावित हुए पूर्ववत बैठा अपना काम करता रहा, मानो उसे

मेरी सीमाओं का भलीभाँति ज्ञान हो। मेरी उलझन बजाय घटने या हल होने के और भी बढ़ती जा रही हो। इस सारी स्थिति को किसी-न-किसी नतीजे पर पहुँचाना आवश्यक था, चाहे वह मेरे अहित में ही क्यों न साबित हो।

आख़िरकार, अपने को पूरी तरह संयत करके मैं उठ खड़ा हुआ। मैंने तय कर लिया था कि दरवाज़ा खोलकर नौकर को बुला लूँ पहले, तब बात आगे बढ़ाऊँ। हर तरह से भरसक अपनी सुरक्षा का प्रबन्ध कर लेना अनिवार्य था। मेरे खड़े होने से भी उसमें कोई परिवर्तन न आया। हो सकता है, वह मेरी बचकानी चेष्टाओं पर मन-ही-मन हँस रहा हो। उससे कुछ न बोलकर मैं दरवाज़े की ओर बढ़ा। पहली बार उसने गरदन घुमाकर मेरी ओर सख़्ती से देखा, मानो कह रहा हो कि चुपचाप अपनी जगह पर बैठ जाओ वरना अच्छा न होगा! और पहली बार मैंने यह दिखाने की कोशिश की कि मुझ पर उसकी घुड़की का कोई असर नहीं होने का। वह चुपचाप मुझे देखता रहा जैसे किसी बेहद नादान और दयनीय चीज़ को देख रहा हो, उसकी उछल-फाँद पर बनावटी तरस खा रहा हो। मैं क्षण-भर दरवाज़े के सामने रुका कि शायद वह कुछ करे। लेकिन वह उपेक्षा से गरदन घुमाकर फिर काग़ज़ों को देखने, या देखने का बहाना करने लगा। मैंने झुँझलाकर दरवाज़ा खोल दिया।

दरवाज़ा खोलते ही मैं चौंककर ठिठक गया। जिस बात का मेरे मन में एक छिपा हुआ भय था, सहसा वह साकार हो गया। वह अकेला नहीं आया था। दरवाज़ा बिलकुल घिरा हुआ था। इशारा पाते ही वे सब-के-सब कमरे के अन्दर रेंग आ सकते थे, और मुझे तथा मेरी चीज़ों को, बल्कि मेरी सारी दुनिया को, रौंदकर रख दे सकते थे। मैं मजबूर था, इतना मजबूर कि भगवान को छोड़कर अपने नौकर तक को नहीं पुकार सकता था। मैंने अनुमान लगाया, और मेरा अनुमान सही था, कि जितने मेरे कमरे के दरवाज़े पर हैं उससे कहीं अधिक मेरे घर के चारों ओर हैं, और उससे भी अधिक शहर में, शहर के बाहर, देश में, दुनिया-भर में...मैं उनका पार नहीं पा सकता। उनसे भाग नहीं सकता। वे जब चाहें मिलकर मेरा सफ़ाया कर दें। मेरे मुँह से शायद बस एक हलकी-सी

चीख़ निकलकर रह जाएगी, या हो सकता है वह भी न निकले। मैं चुपचाप समाप्त हो जाना अधिक पसन्द करूँ, किसी पिछड़े युग के सन्त या वैज्ञानिक की तरह, अपनी बेगुनाह लिखावटों के साथ।

अफ़सर

दफ़्तर के बाहर इन्तज़ार करते-करते शाम हो गई। इसी बीच बहुत कुछ हुआ, जिसकी कोई फ़ाइल नहीं बनी। मुझे अफ़सर से जो कुछ कहना था वह समय पर आश्रित नहीं था...न अफ़सर के सुनने ही पर। मुझे जो कहना था उसकी कोई जल्दी नहीं थी...वह बात ऐसी थी, जिसका ताल्लुक़ आदमियत से था। यद्यपि मैं उस तरह की बात कहने के इरादे से नहीं गया था। उसे कहीं भी किसी वक़्त कहा जा सकता था, और इसका कोई डर नहीं था कि उस बात को कहने का ढंग या फ़ैशन बदल जाएगा। मेरे पास अनन्त समय होगा और

जो कहूँगा वह बड़े-से-बड़े आदमी द्वारा कही गई बात हो सकती थी, और छोटे-से-छोटे आदमी के लिए अर्थ रखेगी, वरना अफ़सर से बेकार बात करने से फ़ायदा?

आख़िर मुझे जिस बात का डर था वही हुआ। बेकार बैठे-बैठे मुझसे हर चीज़ ने बेकार बहस शुरू कर दी। सामने की दीवार पर टँगा कैलेंडर सबसे पहले बोला कि आज दस तारीख़ है, मार्च का महीना। मैंने पूछा नहीं था...मुझे मालूम था, मगर वह बार-बार इसी फ़िज़ूल सूचना को दुहराता रहा। मैंने ऊबकर दूसरी ओर मुँह फेर लिया। उसी वक़्त हवा कमरे में घुसी और मेरे सामने एक अख़बार फैला गई...पुराना अख़बार। मैंने कुढ़कर छत की ओर देखना शुरू कर दिया। हवा शायद दूसरे दरवाज़े से निकल गई थी। उस कमरे में फूल नहीं थे, परदे थे जिन पर फूल बने थे, जिन्हें लेकर परदे आपस में खिलवाड़ कर रहे थे। मैंने उस खेल में दिलचस्पी लेना चाहा लेकिन मुझे वह खेल बिलकुल नहीं मालूम था। मैंने घड़ी की ओर निगाह डाली और घड़ी ने इशारे से मुझे वक़्त बता दिया, इस बात की माफ़ी भी माँगी कि इससे ज़्यादा मेरे लिए और कुछ करने में वह असमर्थ है। मैंने बुरा नहीं माना, केवल उस वक़्त पर विचार करने लगा जो घड़ी के हिसाब से इन्तज़ार में गुज़र गया था। मुझे यह सोचकर सन्तोष हुआ कि उसी वक़्त में और बहुत-सी ऐसी चीज़ें भी हो रही थीं जिनसे मैं उस समय बचा हुआ था, जैसे—जन्म, मृत्यु, पीड़ा, पागलपन वग़ैरह। एक तरह से मैं ख़ुशक़िस्मत था कि इन सबसे सुरक्षित किसी शक्तिशाली अफ़सर से मिलने जैसी भोली चीज़ का इन्तज़ार-भर कर रहा था, वरना उस वक़्त में तमाम ऐसी चीज़ें हो सकती थीं कि मैं दोनों हाथ जोड़कर हृदय से मनाता कि हे भगवान, इससे कहीं अच्छा होता यदि तू मुझे किसी ख़तरनाक, ख़ौफ़नाक अफ़सर के दफ़्तर में सुबह से शाम तक इन्तज़ार करवाता।

एक चपरासी कमरे में प्रकट हुआ। 'आप ही श्री...हैं?'

'हूँ। चलूँ?'

'नहीं। रुकिए।'

और चपरासी अन्तर्धान हो गया।

मेरे ठीक सामने आसमान दिखायी दे रहा था, क्योंकि खिड़की थी, जिसमें से देखा जा सकता था। अगर उस ओर भी दीवार होती, अगर मेरे चारों ओर दीवारें होतीं, तो मैं निश्चित रूप से न कह पाता कि बाहर आसमान है या नहीं। लेकिन मुझे भगवान पर पूरा भरोसा करना चाहिए कि अन्दर अफ़सर है, और अफ़सर पर पूरा भरोसा करना चाहिए कि मुझे कभी-न-कभी उसके दर्शन अवश्य होंगे।

मैंने आसमान से कुछ नहीं कहा। सोचा, उससे बाद में बातें होंगी...अभी नहीं, अभी इसका वक़्त नहीं। यह दफ़्तर का वक़्त है और आसमान जैसी निरर्थक चीज़ की बात भी सोचना पागलपन कहा जाएगा। लेकिन मैं इतना गम्भीर अवश्य हो गया था कि पेपरवेट को उठाकर एक मैगज़ीन के उड़ते हुए पन्नों पर रख दिया। पन्ने ज़ोर-ज़बरदस्ती करते फड़फड़ाते रहे और मैं बादशाह की तरह, इत्मीनान से दोनों हाथ छाती पर बँटे, उन्हें देखता रहा। बेवकूफ़ कहीं के! मुझे एकाएक शेक्सपीयर की कुछ पंक्तियाँ याद आईं, शायद इस प्रकार हैं–'आइ एम टाइड टु अ स्टेक, आइ केन नॉट फ़्लाई, बट बीअर-लाइक आइ मस्ट फ़ाइट द कोर्स...।' बेचारे काग़ज़ के बच्चे पन्ने, जो सब-कुछ करते हुए भी बेबस हैं...समझते हुए भी नासमझ हैं। मुझे लगा कि आदमी का मुक़द्दर एक पुरानी सरकारी फ़ाइल है। आदमी उससे बँधा है। वह भाग नहीं सकता, केवल जानवर की तरह छटपटा सकता है, या ख़ामोशी से मर सकता है।

घंटी बजी...जैसे किसी ने बिना वजह डाँटा। घंटी की आवाज़ मेरी पत्नी की आवाज़ से कुछ-कुछ मिलती-जुलती है। पत्नी की आवाज़ भी मधुर हो सकती थी, अगर उसमें इतनी फुफकार न होती। मेरे ख़याल से अब मैं बुलाया जाने वाला हूँ। हुज़ूर चपरासी निकले। हम लोगों पर निगाह डाली जैसे गाय-भैसों को गिन रहे हों, और फिर अन्दर लौट गए। मैंने अन्दाज़ लगाया कि अफ़सर कितना व्यस्त होगा जब चपरासी...!

अबकी चपरासी आया तो मेरे आत्म-सम्मान ने आत्म-समर्पण कर दिया। गिड़गिड़ाकर शायद ऐसा कुछ कह डाला होगा, 'मेरी

राहों के मुक़द्दर में सहर है कि नहीं...मेरा हासिल मेरी तक़दीर बता दे मुझको।'

'अबकी आपकी बारी है।'

और सचमुच मैं अफ़सर के कमरे में–सचमुच मैं वहाँ था! लेकिन कमरे से आसमान नहीं दीखता था, मुझे इसका हार्दिक दुख था। दरअसल वहाँ कोई ऐसी चीज़ नहीं दीखती थी जो अफ़सर से ज़रा भी बड़ी हो। लेकिन क्या वही आदमी अफ़सर था? असम्भव। यह मामूली-सा आदमी जो मेरे सामने बैठा है, अफ़सर हो ही नहीं सकता। यह आदमी जो बाहर से अफ़सरी का इतना बड़ा कवच पहने है, अन्दर से एक डरा हुआ बच्चा लगा जो अपने बाप की ताक़त पर अकड़ रहा हो। उसमें आत्मविश्वास नहीं, केवल आत्म-वंचना है। एक बेवकूफ़ आदमी जो होशियारी का ढोंग कर रहा है। ख़ैर, होगा। मुझे क्या मतलब? मेरे लिए तो अफ़सर–आदमी से क्या लेना-देना! यह तो मेरी नादानी थी कि मैं अफ़सर की जगह अफ़सर-रूपी आदमी से उलझ गया था जो उस वक़्त वहाँ नहीं था...और वहाँ सिर्फ़ पौन घंटे के लिए बीच में हाज़िर होता है जब घर से खाना आता है। यह दफ़्तर था, किसी का घर तो था नहीं–वहाँ आदमी से पहले डिसिप्लिन ज़रूरी था।

मैंने उनकी कुर्सी को नमस्कार किया शायद, क्योंकि कोई उत्तर नहीं आया। अफ़सर कुछ लिखने में व्यस्त था, और यह बात स्पष्ट थी कि उसका ध्यान किसी फ़िज़ूल चीज़ की ओर नहीं है। डरते-डरते आहिस्ता से एक ग़रीब कुर्सी पर बैठ गया... किसी फ़िज़ूल चीज़ की तरह। कुर्सी ने डंक नहीं मारा, केवल गुर्राकर रह गई। मुझे आश्चर्य हुआ, कुछ इत्मीनान भी। अफ़सर ने सिर उठाया, मैंने हाथ–'नमस्ते'। अफ़सर ने सिर हिलाया, मैं कृतकृत्य हुआ।

'कहिए...!'

'जी, बात यह है...।'

इतने में टेलीफ़ोन की घंटी बजी और क़रीब दस मिनट के लिए फिर अफ़सर से मेरा हर नाता टूट गया। अफ़सर के बातचीत के ढंग से लग रहा था कि वह ज़रूर कहीं दूर किसी बहुत ताक़तवर चीज़ से बात कर रहा है, और मेरा वहाँ होना ऐसे ही

था जैसे दुनिया की बहुत-सी चीज़ों का वहाँ न होना। बहरहाल, वह टेलीफ़ोनवाली ताक़त उपस्थित न होते हुए भी कुछ इस तरह वातावरण में व्याप गई थी कि पहली बार मुझे ऐसा लगा कि उस कमरे में अफ़सर से बड़ी भी कोई चीज़ है, चाहे वह ईश्वर की तरह अदृश्य ही क्यों न हो। उसी वक़्त यह भी ख़याल आया कि अगर ज़रा कोशिश करूँ तो सामने वाली खिड़की से आसमान का एक हिस्सा दिखाई पड़ सकता है। मेरी इच्छा हुई कि एक बार दिल खोलकर ज़ोर से हँसूँ, लेकिन वातावरण ने इसकी इजाज़त नहीं दी। इस डर से कि कहीं अफ़सर बुरा न मान जाए, मैं चुपचाप उस अलमारी की ओर आदर से देखता रहा जिसमें निस्सन्देह फ़ाइलें बन्द थीं, और जिन पर अफ़सर का एकाधिपत्य था।

टेलीफ़ोन रखकर अफ़सर किसी गहरे विचार में डूब गया। मेरा मन उसके लिए आदर से भर गया, क्योंकि मैंने सुना है दार्शनिक भी इसी प्रकार विचारों में डूबे रहते हैं, बिना आसपास की चिन्ता किए। लेकिन यह मौन मुद्रा कदाचित भारतीय अधिक है, प्राचीन यूनानी दार्शनिक तो बड़े बातूनी थे। सुकरात, अफ़लातून, अरस्तू—सब घंटों जिज्ञासु शिष्यों से बातचीत किया करते थे। लेकिन अफ़सर चुप था और उसे क़तई मेरी जिज्ञासा में दिलचस्पी नहीं थी। लोग भगवान को भी खुश कर लेते हैं, यहाँ तक कि भगवान आदमी के दैनिक जीवन में रुचि लेने लगते हैं। काश, वहाँ आने से पहले मैं अफ़सर ही को खुश करना सीखकर आया होता! लेकिन अब क्या हो सकता था? मैंने तो भगवान को खुश करना भी ठीक से नहीं समझा। सच पूछा जाए तो खुश करना एक कला है जिसके लिए निरन्तर अभ्यास ज़रूरी है, भगवान या आदमी तो एक बहाना है।

एकाएक अफ़सर को ध्यान आया कि मैं वहाँ बैठा हूँ। भरसक शिष्टता से बोला, 'आपको जो काम हो, जल्दी से कहिए। मुझे एक आवश्यक काम से अभी बाहर जाना है, केवल पाँच-सात मिनट ही रुक सकता हूँ।'

'आभारी हूँ।' मैंने धन्य होते हुए कहा, 'मैंने एक अर्ज़ी दी थी जिस पर विचार हुआ था, उत्तर नहीं मिला था। मैंने दूसरी

अर्ज़ी दी जिस पर विचार होने को था, लेकिन अर्ज़ी खो गई। तीसरी अर्ज़ी दी है जिस पर कुछ समय से विचार हो रहा है, उसके बारे में जानना चाहता हूँ।'

एक मिनट तक सन्नाटा रहा। अफ़सर ने कोई कल दबाई। चपरासी उपस्थित हुआ। अफ़सर ने कुछ मन्त्र-सा पढ़ा। चपरासी ग़ायब हो गया, और उसकी जगह फ़ाइल लिये एक क्लर्क प्रकट हुआ। मैं इस महिमा पर दंग था। अफ़सर और क्लर्क के बीच किसी गुप्त भाषा में बात हुई। हुक्म हुआ, 'आप जा सकते हैं। आपको दस दिन के अन्दर सूचना पहुँच जाएगी।'

'यही तो आपने पिछली बार भी कहा था। आज बीस दिन हुए...,' मैंने हारी हुई आवाज़ में कहा।

अफ़सर मेरी ओर ध्यान से देख रहा था। न जाने क्यों मुझ पर तरस खाकर वह कुछ सहानुभूति के स्वर में बोला, 'देखिए जनाब, जहाँ तक मेरे और आपके बीच की बात है इतना बता दूँ कि मैं इस मामले में कुछ नहीं कर सकता। आप बेकार अपना समय नष्ट कर रहे हैं।'

'तो आप मुझे यह लिखकर क्यों नहीं दे देते?' मैंने निराश होते हुए पूछा।

'क्योंकि क़ानूनन आपकी माँग जायज़ है, लेकिन मौजूदा सरकारी नीति की दृष्टि से नहीं। मैं साफ़ 'न' नहीं कर सकता, साथ ही 'हाँ' करना भी मुश्किल है।' कुछ रुककर मुस्कराते हुए अफ़सर ने अपनी बात पूरी की, 'मेरे पास गुप्त सरकारी आदेश हैं कि इस प्रकार की प्रार्थनाएँ चतुराई से निबटाई जाएँ कि साँप भी मरे और लाठी भी न टूटे...।' मुझे लगा कि यहाँ अफ़सर ने एक ऐसी अनावश्यक ग़लती कर डाली थी जिसका नतीजा उसे किसी-न-किसी रूप में शीघ्र ही भुगतना पड़ेगा।

'तो आख़िर मेरे मामले पर क्या होगा?'

'विचार।' अफ़सर ने दृढ़ता से उत्तर दिया।

'कब तक?'

'जब तक मामले की बुढ़ापे से मृत्यु न हो जाए!'

'या मेरी मृत्यु न हो जाए!' मैंने चिढ़कर कहा।

'मेरे लिए एक ही बात होगी।' अफ़सर ने शायद व्यंग्य किया। मुझसे न रहा गया। बात को बच्चों की तरह खींचते हुए कहा, 'या आपकी...!' अफ़सर भी मुझसे खेलने पर तुला बैठा था, इत्मीनान से बोला, 'अफ़सर की मृत्यु कभी नहीं होती!' मैं हार गया था। अफ़सर से पार पाना मुश्किल था। बिलकुल मामूली इंसान की हैसियत से पूछा, 'इस तरह का व्यवहार अगर एक आदमी दूसरे के साथ करे, तो जानते हैं उसे क्या कहा जाएगा?'

'बेईमानी।'

'और अगर सरकार करे तो?'

'होशियारी।' अफ़सर की तैयारी पर ईर्ष्या किए बिना मैं न रह सका। क्रोध के लिए वहाँ कोई गुंजाइश न थी। हम लोग सभ्यता और शिष्टता के जिस आदर्श स्तर पर बात कर रहे थे वहाँ गर्म हो जाना मूर्खता और उजड्डपन होता। मैं नमस्कार करके उठने ही वाला था कि मेरे अन्दर एक आज़ाद मुल्क के एक आज़ाद नागरिक ने आवाज़ लगाई कि मेरे भी कुछ अधिकार हैं। अगर तुम कुछ कर नहीं सकते, तो कुछ कह तो सकते ही हो! ठीक। मैंने अपने अधिकार का अन्तिम अस्त्र चलाया, 'यह किसी इज़्ज़तदार देश की वफ़ादार सरकार है, या मक्कार झूठों का गिरोह?'

अफ़सर ने तुरन्त मुस्कराना बन्द कर दिया और अपने को बड़ी कोशिश से सम्हालते हुए कहा, 'यह सब अगर आप पार्लियामेंट या एसेम्बली में कहें तो सुनने लायक़ ख़बर होगी। यहाँ कहेंगे तो मेरा धर्म होगा कि चपरासी से आपको कमरे से बाहर निकलवा दूँ! अब आप जा सकते हैं।'

अफ़सर के चेहरे पर भारी सन्तोष था। उसने शतरंज में मुझे बुरी तरह पीट लिया था। लेकिन मुझे हारने का शायद उतना ग़म नहीं था, जितना उसके जीतने का—वह जीत जिसके लिए मेरे मन में सिर्फ़ दया और शर्म थी। रुआँसा-सा जब मैं कमरे से बाहर निकलने लगा तो न जाने क्या सोचकर अफ़सर ने कहा, 'आशा है, आप मेरी बातों को व्यक्तिगत स्तर पर न लेंगे। मैं तो केवल एक सरकारी नौकर हूँ...मेरे हाथ बँधे हैं।

मुझे खेद है कि यह निश्चय आपके हित में नहीं, लेकिन देश के हित में है।' सहसा मुझे लगा कि अफ़सर जीती हुई बाज़ी जीतते-जीतते हार गया था। अफ़सरी से आदमियत के स्तर पर उतरकर उसने एक बहुत बड़ी ग़लती कर डाली थी। अफ़सरी के साथ विश्वासघात करके उसने अपने को बिलकुल कमज़ोर कर लिया था। मैंने मुस्कराते हुए उत्तर दिया, 'कोई बात नहीं। मुझे इसका दुख नहीं कि आप इस मामले में कुछ कर नहीं सके; दुख इतना ही है कि यह जानते हुए भी कि आप कुछ नहीं कर सकते, आपने यह दिखाने की कोशिश की कि आप सब कुछ कर सकते हैं। नौकर होकर आपने अफ़सरों जैसी बातचीत की! रही देश के हित की बात, तो मुझे भी आप ही की तरह इस महान देश का एक ज़िम्मेदार नागरिक होने का सौभाग्य प्राप्त है, और उन चीज़ों को भली-भाँति समझता हूँ जो देश के हित के नाम पर की जाती हैं...व्यक्ति के हित में नहीं! समय देने के लिए बहुत-बहुत धन्यवाद। नमस्कार।'

बड़ा आदमी

वह बहुत बड़ा आदमी है, और उसके बड़े होने की सबसे बड़ी निशानी यह है कि वह हमेशा बड़ा नहीं दीखता, सिर्फ़ उस समय बड़ा दीखता है, जब ट्रेन के आने में पन्द्रह-बीस मिनट रह जाते हैं और वह उठकर रेलवे क्रॉसिंग का दरवाज़ा बन्द करता है। कभी-कभी वह स्वयं दरवाज़ा न बन्द करके अपने लड़के को इस काम पर नियुक्त कर देता है। लड़का बड़े हौसले से इस काम को निभाता और इस परिवर्तन से फूल उठता, जो उसे कुछ देर के लिए हमेशा डाँटे जानेवाले दस-बारह साल के ग़ैर-ज़िम्मेदार लौंडे की हैसियत से ऊँचा उठाकर

एक ऐसी सरकारी हैसियत बना देता, जो एक से एक सवारियों और उनके सवारों को रेलवे लाइन के दोनों ओर रोक सकता था। दोनों फ़ाटकों के बीच वह शान से टहलता और दोनों ओर रुके हुए लोगों की बेबसी और बेकली में उसी प्रकार का पर-उत्पीड़न-सुख लेता, जैसा पुराने ज़माने में यातना देनेवाले सरकारी नौकर-चाकर लेते रहे होंगे।

इस बीच उसका बाप अपने केबिन के सामने पड़ी खाट पर इत्मीनान से बैठा हुक्का पीता, या किसी साथी रिश्तेदार से गपशप करता रहता। लोग छटपटाकर फ़ाटक से टकराते और हारकर वापस लौट जाते। वह दबी आँखों से उन्हें देखता और मनमानी तरह से प्रतिकृत होता। उसकी प्रतिक्रिया कभी शुद्ध मनोरंजनात्मक होती, कभी उपदेशात्मक, तो कभी-कभी क्रुद्धात्मक भी। कोई बहुत जल्दी में हो और उसकी जल्दी में कोई लँगड़ी लगा दे, तब जैसी खीज होती है, वैसी ही लोगों में होती। लेकिन ज़रा लँगड़ी लगानेवाले के मनोरंजन का अनुभव कीजिए, ख़ासकर जब वह पन्द्रह-बीस मिनट के अन्दर एक से एक अकड़ू, जल्दबाज़ को लँगड़ी लगाता चला जाए। और उन सैकड़ों में से एक भी, सिवा ख़ून का घूँट पीकर रह जाने के उसका कुछ भी न बिगाड़ सके।

कुछ लोग, जिन्हें वास्तव में जल्दी होती, अपने स्वाभिमान की परवाह न करके उसकी चिरौरी-विनती तक पर उतर आते, जैसे किसी बीमार को जल्दी अस्पताल पहुँचानेवाले, या छूटनेवाली ट्रेन के हड़बड़ाए हुए यात्री। 'अभी भी ट्रेन आने में काफ़ी देर है—दो मिनट को दरवाज़ा खोल दो भैया, निकल जाएँ'...'ज़रा धीरज रखिए साहब, ऐसे कैसे दरवाज़ा खोल दूँ? एक्सीडेंट हो जाए तो किसकी ज़िम्मेदारी होगी? आप तो निकल जाएँगे...सरकार तो मुझसे जवाब-तलब करेगी...।' बेचारे अपना-सा मुँह लेकर रह जाते। इतनी बड़ी सरकारी दलील के सामने किसी की चल भी क्या सकती थी!

कुछ लोग, जो ज़रा जोशीले मिज़ाज के होते, लौंडे को लौंडा ही समझते और उस पर धौंस गाँठने की कोशिश करते। मगर लड़का अपने बाप से भी ज़्यादा सधा हुआ निकलता, क्या मजाल कि किसी से रौब खा जाए! उलटकर सख़्ती से जवाब देता,

'रुकिए जनाब, ऐसी भी क्या जल्दी! ट्रेन तो पास हो जाए...' या 'फ़ाटक आपके हुक्म से न तो बन्द हुआ है, न आपके हुक्म से खुलेगा...!' हुज्जत अगर बढ़ती तो बाप भी शरीक होता, और तब हमलावर को फ़ाटक से पीछे हटना ही पड़ता। इस पर भी अड़े रहनेवालों की संख्या नहीं के बराबर होती, लेकिन नहीं होती, ऐसा नहीं कहा जा सकता।

बाप-बेटे दोनों से न डरनेवालों को किसी ऐसे बाप से डराना ज़रूरी हो जाता, जो उन दोनों का ही नहीं, अकड़नेवाले साहब का भी बाप निकलता। लेकिन इसकी नौबत कम ही आती। ज़्यादातर लोग अगर लड़के से नहीं तो बाप से तो डर ही जाते। उस फ़ाटक के लम्बे इतिहास में ऐसे कई प्रसंग हैं, जब फ़ाटक ने लोगों पर ज़्यादती की हो। उदाहरण के लिए किसी स्त्री को अपने सामने बच्चा पैदा करने पर मजबूर किया हो या दमकल को आग तक समय से पहुँचने न दिया हो; लेकिन ऐसा कोई प्रसंग नहीं मिलता, जब लोगों ने उस फ़ाटक के साथ ज़्यादती की हो। लेकिन उस दिन यह अपवाद घटना भी घटी...

फ़ाटक आदत के अनुसार, काफ़ी देर से बन्द था। सवारी गाड़ी आ रही थी या मालगाड़ी या सिर्फ़ इंजनवाली ट्राली मात्र—इस सबसे कोई मतलब नहीं। सूचना थी कि कोई पहियोंवाली चीज़ पिछले स्टेशन से छूटी है और क्रॉसिंग से गुज़रेगी। लिहाज़ा फ़ाटक बन्द कर दिया गया था और सैकड़ों की संख्या फ़ाटक के दोनों तरफ़ हमेशा की तरह धीरता और अधीरता से प्रतीक्षा कर रही थी, लेकिन आज हमेशा से कुछ ज़्यादा देर होती नज़र आ रही थी। और इसीलिए, उसी अनुपात में, सरकारी बाप-बेटों तथा ग़ैर-सरकारी इन्तज़ार करनेवालों के बीच कुछ ज़्यादा तनातनी थी। लेकिन क्या हो सकता था? सब इसे किसी दैवी आपदा की तरह सह रहे थे। मेरा अनुमान है कि अगर यह हुक्म होता कि इन्तज़ार करनेवालों को कोड़े भी लगते रहें, तो भी लोग सहते चले जाते...।

उस समय, यद्यपि हर व्यक्ति एक ही विपत्ति के अन्तर्गत फँसा था, लेकिन प्रतिक्रियाएँ अवश्य हर एक की अलग-अलग रही होंगी। इसका अन्दाज़ा लगाना आसान था...क्योंकि अपनी प्रतिक्रियाओं का विश्लेषण करने पर मैंने पाया कि वही प्रतिक्रिया और किसी की

भी होना असम्भव था। इसलिए नहीं कि मैं सबसे विशिष्ट हूँ... बल्कि भिन्न हूँ, और हर आदमी, जो मुझसे भिन्न है, इस बात से दुखी, बल्कि सन्तुष्ट भी होगा।

सफ़ेद फ़ाटक के ठीक बीच में एक गोल लाल धब्बा होता है...लगभग सभी क्रॉसिंग के फ़ाटकों पर वह लाल धब्बा होता होगा। क्यों? यह मैं नहीं जानता। लेकिन इससे क्या अन्तर पड़ता है? वे लोग तो जानते ही होंगे, जिन्होंने उसे बनाया है। मैं उस धब्बे को ग़ौर से देख रहा हूँ और सहसा मुझे एक इलहाम होता है। यह धब्बा किसी-न-किसी तरह के ख़तरे का द्योतक है और वह ख़तरा बहुत ही नज़दीक है! लाल कपड़े या लाल चीज़ को ख़तरे का प्रतीक क्यों माना गया है? आप शायद कहेंगे—क्योंकि वह ख़ून की याद दिलाता है। लेकिन मैं अभी कह चुका हूँ कि मैं आप लोगों से भिन्न हूँ और ज़्यादातर बिलकुल भिन्न तरह से सोचता हूँ। इसलिए मैं बेहिचक कहता हूँ—ग़लत! लाल कपड़ा दिखाने से साँड़ भड़ककर कपड़े की तरफ़ झपटता है, इसलिए लाल रंग ख़तरे का प्रतीक माना गया है, और अगर नहीं, तो इसी कारण उसे ख़तरे का प्रतीक माना जाना चाहिए। आप भले ही अभी मेरी बात न मानें, लेकिन मुझे विश्वास है—यह सही बात होगी।

शाम का धुँधलका...मोटर चलाने के लिए इससे ज़्यादा बेहूदा समय दूसरा नहीं हो सकता। सूरज की रोशनी समाप्त हो रही होती है और मोटर की रोशनी का कोई असर न तो अँधेरे पर पड़ता है, न उजाले पर क्योंकि उस वक़्त साफ़-साफ़ न तो अँधेरा होता है, न उजाला। मेरे दाहिने तरफ़ की सड़क ख़ाली छोड़ दी गई थी, ताकि फ़ाटक के दूसरी ओर से आनेवाली सवारियाँ अपने बाएँ से निकल जा सकें। मुझे पीछे दूर से आती किसी चार पहियोंवाली मोटरनुमा चीज़ के आने का एहसास हुआ...। 'एहसास' शब्द इसलिए इस्तेमाल कर रहा हूँ, क्योंकि आनेवाली चीज़ के लिए निश्चित संज्ञा दे सकना ज़रा कठिन था। वह बहुत बड़े शुतुरमुर्ग से लेकर सड़क कूटनेवाले रोलर तक कोई भी चीज़ हो सकती थी। मुझे वह चीज़ कोई 'आफ़त' लगी, क्योंकि मैं ख़तरे की बात सोच रहा था।

और नज़दीक आई, तो लगा वह मध्यवर्गीय परिवार के असबाब से बुरी तरह लदी-फँदी, काँखती-चिल्लाती जीप थी–और उसको हाँकनेवाले, मोटा चश्मा लगाए जो साहब थे वे कोई रिटायर्ड डिप्टी-कलेक्टर की तरह की चीज़ हो सकते थे। अगर आप मोटरचालकों के थोड़े-से वर्गों से भी परिचित हैं, तो इस रिटायर्ड वर्ग से अवश्य परिचित होंगे, जो मोटर या कोई भी मशीन पुर्जों से इतना नहीं चलाता, जितना अपने अन्दाज़ और इच्छा-शक्ति से। सड़क पर चलने-फिरनेवाली चीज़ों को ये चश्मे के नीचे या चश्मे के ऊपर से कुछ इस तरह देखते हैं, गोया कि उनकी हरकत पर सख़्त एतराज़ कर रहे हों। मोटर बेचारी भी बस, यह समझिए कि इनके दबाव में आदतन चलती है, किसी पुराने नौकर की तरह; यानी मालिक चाहे ब्रेक दबाए, चाहे क्लच, चाहे ऐक्सेलिरेटर, मोटर वही करेगी जिसकी साहब को ज़रूरत है।

मैं जिन साहब को जीप हाँकते देख रहा था, न जाने क्यों मैंने अनायास उनसे यह उम्मीद लगा डाली कि वे बिना फ़ाटक खुलवाए नहीं मानेंगे क्योंकि वे अब काफ़ी नज़दीक आ गए थे, लेकिन रफ़्तार अब भी तीस मील प्रति घंटा से ऊपर ही रही होगी। मैं नहीं जानता कि फ़ाटक की ओर उन्हें क्या चीज़ इतनी तेज़ी से आकर्षित कर रही थी, लेकिन मेरा अनुमान है कि लाल निशान देखकर ही वे झपट रहे थे।

शाबाश! जिसे अंग्रेज़ी में 'बुल्स आई' कहते हैं, जीप जाकर ठीक लाल निशान पर बैठी थी। दोनों फ़ाटक फटाफट इस सफ़ाई से खुले, मानो वे टूटे नहीं; इसी तरह खोले जाते हों। फ़ाटक ने जो कुछ किया, उसके फलस्वरूप एक ओर एक बाल्टी, दूसरी ओर एक बिस्तर बिगड़कर रेलवे लाइन पर लोट गए, बस। जीप रुकी। वह साहब जीप से उतरे, गोया कि गरुड़ से उतरे। क्रॉसिंग का बड़ा आदमी अपनी जगह से उठकर आया। ज़िन्दगी में पहली बार उसका इस अद्‌भुत परिस्थिति से सामना हुआ था। सोच नहीं पा रहा था कि उनसे किस तरह पेश आए...उन्हें ज़िन्दा चबा जाए या धीरे-धीरे भून-भूनकर? लोग हर्ष से तालियाँ बजा रहे थे। आज पहली बार रेलवे क्रॉसिंग का हिटलर हराया गया

था। फ़ाटक खुला, सिगनल अप हुआ, रेलगाड़ी रुकी...और रेलवे क्रॉसिंगवाला कुछ न कर पाया। वे साहब जब बड़ी मासूमियत से चारों ओर देखते हुए बोले, 'क्या हुआ? क्या था?' तो वह बेचारा अपना सिर पकड़कर वहीं बैठ गया।

और आज पहली बार एक बड़े आदमी ने, दूसरे बड़े आदमी के बड़प्पन को पहचाना। वास्तव में बड़ा आदमी वह, जिसे कम दिखाई दे, जो अँधेरे और उजाले में फ़र्क़ न कर सके। उसके लिए हर जगह रास्ता ही रास्ता है—न कहीं बन्द फाटक, न कहीं उससे बड़ा आदमी।

दो आदमियों की लड़ाई

'बदज़ात कीड़ा!' एक आदमज़ात ने दूसरे से कहा।

दूसरे आदमी ने साबित करने के लिए कि वह कीड़ा नहीं है, कीड़ा कहने वाले का मुँह बिल्ली की तरह नोच लिया।

'जानवर!' नई उपाधि, साथ ही एक ज़बरदस्त चाँटा, इस इरादे को पुष्ट करते हुए कि जानवर से जानवर की ही तरह पेश आना ज़रूरी है—चाहे इसमें विवेक शहीद हो जाए।

कीड़े से जानवर के दर्जे तक पहुँचकर चाँटा खानेवाला आदमी कुछ आश्वस्त हुआ, क्योंकि जानवर

कहनेवाला आदमी स्वयं अब जानवर के स्तर पर उतर आया था। सवाल अब आदमी और जानवर का नहीं, यह दिखा देने का था कि कौन ज़्यादा बड़ा जानवर है। यह बहुत मुश्किल नहीं, मुश्किल तो किसी जानवर से भी आदमी की ही तरह व्यवहार करना है। लेकिन आश्चर्य है कि दोनों में से किसी का ध्यान भाषा की इस बुनियादी ग़लती की ओर नहीं गया कि कीड़ा भी जानवर होता है और आदमी भी। झगड़ा मुख्यतः इंसानियत का है, इस ज़बानी सावधानी का नहीं कि आदमी को आदमी ही कहा जाए और कीड़े को कीड़ा। हमारे बहुत-से झगड़ों की जड़ें उसी प्रकार भाषावैज्ञानिक हैं, जैसे बहुत-से वैज्ञानिक ख़तरों की जड़ें मनोवैज्ञानिक हैं। हमारे समाजों की अपेक्षा पशु-समाजों के अधिक शान्तिपूर्ण होने का एक रहस्य उसकी बहुत ही कम विकसित भाषा है। उनकी भाषा में इतनी गालियाँ ही नहीं कि वे हाथापाई तक पहुँच सकें, उन बेचारों को तो सरासर लड़ाई के उन्हीं प्राचीन कारणों पर निर्भर करना पड़ता है, जिनका सम्बन्ध उनकी स्वाभाविक ज़रूरतों के अनिवार्य संघर्षों से हो। उनकी सभ्यता का विकास अभी भाषा की उन बारीकियों तक नहीं पहुँचा जहाँ गालियाँ तो दूर की बात, अगर बातचीत में कोई वांछित आदरसूचक शब्द तक छूट जाए तो वह महायुद्ध का पर्याप्त कारण बन जा सकता है।

इस सन्दर्भ में मान लीजिए, इस सारे झगड़े को कोई कीड़ा देखता होता और उनकी बातचीत को समझता होता, तो क्या कभी भी वह 'आदमी' कहलाना पसन्द करता? क्या उसका ध्यान इस ज़्यादती की ओर न जाता, जो नीचता और हिंसा केवल जानवरों के ही हिस्से में समझता, बिना आदमी की निर्विवाद उपयुक्तता को पूरी तरह विचारे? स्पष्ट है कि एक कीड़ा इस सारी लड़ाई को केवल हिंसा की दृष्टि से देखता और यह कभी न समझ पाता कि अगर आदमी होना लज्जाजनक नहीं तो कीड़ा होना ही लज्जाजनक क्यों?

लेकिन सवाल वहाँ शायद हिंसा का नहीं था क्योंकि चाँटा पड़ते ही दूसरे आदमी ने न केवल जानवर होना मंज़ूर कर लिया

बल्कि उससे बड़ा जानवर होने के दावे के साथ उसे सूअर का केवल बच्चा बताया, और उसके मुँह पर एक ही जगह दो थप्पड़ जड़कर अपनी बात पुष्ट कर दी।

दो चाँटे ऐसी बड़ी बात न थी एक आदमी के लिए, न 'सूअर' जैसे सरासर ग़लत नाम से सम्बोधित किया जाना ही; आपत्ति शायद 'बच्चा' शब्द पर उठी, क्योंकि इस शब्द के तुरन्त बाद ही पहले आदमी ने झपटकर दूसरे का गला धर दबाया और उसे दर्जनों ऐसी गालियों से झकझोर दिया जिन सबमें वह किसी-न-किसी जाने-माने जानवर का बच्चा बताया गया।

लेकिन 'सूअर' शब्द के दुरुपयोग पर एक ऐसे सूअर ने जो ईमानदारी से सूअर था और जिसे अपनी जाति पर गर्व था, सख़्त एतराज़ किया। वह हरगिज़ ऐसी किसी जाति से कोई सम्बन्ध मानने के लिए तैयार नहीं था जो उससे घृणा ही नहीं करती बल्कि उसे (एक उपजाति को छोड़कर!) बड़ी निर्दयता से मारकर खा भी जाती है। आदमी झगड़े, यह उसका स्वभाव है और यह उसकी समस्या है, लेकिन बीच में बेचारे सूअर की छीछालेदर क्यों करे? उसके ख़ानदान पर बदचलनी का इलज़ाम क्यों लगे?

लेकिन बहुत जल्दी ही उसकी चिन्ता का समाधान पहले आदमी द्वारा हो गया जब उसने दूसरे की गरदन दूनी ताक़त से दबा, अपने लड़ाकू पूर्वजों की सही-सही सूची बताई और दूसरे को 'हरामज़ादा' कहा। सूअर को इस पर कोई आपत्ति नहीं थी, वह बेचारा तो केवल अपना नाम आदमियों के बीच घसिटवाना नहीं चाहता था। आदमी को अगर अपना रिश्ता किसी जानवर से जोड़ना ज़रूरी ही हो, तो और बहुत-से जानवर हैं—मसलन बन्दर। जहाँ तक सूअर का सवाल था वह आदमी से दूर ही रहना चाहता था और कोई तर्क सुनने के लिए तैयार नहीं था। कोई आदमी इसमें कर भी क्या सकता था? आख़िर, जानवर का भी अपना तर्क होता ही है, चाहे आदमी उसे माने या न माने। फिर यही क्या गारंटी थी कि आदमी का तर्क कभी ग़लत नहीं होता, या जानवर के तर्क से अधिक श्रेष्ठ है? जहाँ तक प्राण-रक्षा, या जाति-रक्षा, का सवाल है जानवर कब आदमी से

पीछे रहा है? हाँ, प्राण लेने के मामले में ज़रूर आदमी जानवरों से बहुत आगे है और उस मामले में अगर कोई जानवर यह समझता है कि वह आदमी से आगे हो सकता है तो वह उसकी सोलहों आने मूर्खता है।

अजीब दृश्य उपस्थित था इस समय। दोनों आदमी मज़बूती से एक-दूसरे का गला पकड़े हुए थे और जी-जान से इस बात की कोशिश कर रहे थे कि एक को दूसरे से दूर ढकेल दें, मगर यह किसी की समझ में न आ रहा था कि बिना गरदन छोड़े एक-दूसरे से अलग कैसे हुआ जाए? असल में बात इज़्ज़त के किसी बहुत ही पेचीदा इतिहास से सम्बन्ध रखती थी। मनुष्यों के बीच न जाने क्यों और न जाने कब से यह प्रथा चली आ रही थी कि अगर दो आदमी किसी घातक इरादे से एक-दूसरे की गरदन पकड़े हों तो जो उस इरादे के साथ विश्वासघात करेगा, उसे मानव-समाज में सम्मान नहीं मिलेगा, हालाँकि यह बहुत स्पष्ट नहीं कि अगर दोनों उस इरादे को ईमानदारी से पूरा करने में सफल होंगे तो सम्मान किसे दिया जाएगा। इतना ही पेंच न था। वे दोनों बेचारे इज़्ज़त को लेकर कुछ इस तरह फँस गए थे कि अब अपनी इज़्ज़त बचाने के लिए दूसरे की इज़्ज़त लेना ही काफ़ी न था बल्कि अपनी जान बचाने के लिए दूसरे की जान लेना ज़रूरी था। लड़ाई इस समय चरम मूर्खता पर थी। गालियाँ दोनों ओर से ऐसी धाराप्रवाह चल रही थीं कि अपना-अपना नाम सुनकर तरह-तरह के जानवर वहाँ इकट्ठा हो गए। लाखों की भीड़ थी जो आदमियों की इस लड़ाई को बड़े शान्तिपूर्ण ढंग से देख रही थी। न कोई किसी को बढ़ावा देता, न जीत-हार को लेकर जुआ खेलता—वे सब केवल शुद्ध 'स्पोर्ट्स' का आनन्द ले रहे थे। दोनों आदमी बिलकुल बराबर के बेवकूफ़ थे और बिलकुल बराबर के ताक़तवर। जानवरों ने अपनी बस्तियों में कभी-कभी साँड़ों को लड़ते देखा था, कभी-कभी बकरों को, अकसर कुत्तों को, मगर यह आदमियों की लड़ाई सबसे दिलचस्प थी क्योंकि सबसे भयानक थी, और जानवरों की रुचि के बिलकुल अनुकूल!

इसी बीच किसी एक महामन्दबुद्धि जानवर ने इस लड़ाई का

कारण पूछ लिया। लाखों जानवरों की आश्चर्यचकित आँखें ऐसा हास्यास्पद सवाल करने वाले गधे की ओर घूम गईं। किसी को अपने कानों पर विश्वास ही नहीं हो रहा था कि कोई जानवर इतनी नादानी का सवाल भी पूछ सकता है। कारण? जानवर होकर जो 'कारण' पूछे, और वह भी लड़ाई का!—लानत है उसकी पशु-बुद्धि पर और उसकी सारी जाति पर जो मनुष्यों की तरह कारण की ओर जाए! इस गधे को इतनी भी समझ नहीं कि लड़ाई के लिए 'कारण' नहीं, सिर्फ़ 'ताक़त' चाहिए! जहाँ ताक़त है वहाँ लड़ाई है, जहाँ कारण है वहाँ शान्ति है।

ग़नीमत है कि एक गधे ने यह सवाल किया जो कि जानवरों के बीच अपनी नासमझी के ही लिए प्रसिद्ध है तथा सब उसकी धाक इसी गुण के लिए मानते हैं; कहीं किसी समझदार ने यह प्रश्न लड़ाई के पहले उठा दिया होता तो बहुत मुमकिन है, सारे जानवर वह शानदार लड़ाई देखने से वंचित ही रह जाते, क्योंकि कारण ढूँढ़ने के लिए पीछे जाना पड़ता है और लड़ाई लड़ने के लिए आगे। और यह ज़रूरी नहीं कि जो कारण मिले वह लड़ने लायक़ ही हो! इसीलिए कहा गया है कि पहले लड़ लें, फिर कारण ढूँढ़ें। दूसरे, बहादुरों का काम लड़ना है, कारण ढूँढ़ना नहीं। कारण वही ढूँढ़ता है जो लड़ नहीं पाता, इसीलिए दुनिया के जितने भी बहादुर आदमी हुए वे बराबर बिना किसी कारण के भी लड़ते रहे, और कारण ढूँढ़ने का काम उन्होंने इतिहासकारों पर छोड़ दिया। अगर एक क्षण के लिए भी वे लड़ने का काम स्थगित कर देते तो मनुष्य का इतिहास ही नहीं बन पाता, क्योंकि इतिहास लड़ाइयों का हुआ करता है, शान्तियों का नहीं।

गधे को ये सब बातें मालूम न थीं, तभी बेचारे से उस लड़ाई की बुद्धिमत्ता के प्रति अज्ञान में सन्देह व्यक्त हो गया। लिहाज़ा वह चुप हो गया, और फिर उस लड़ाई को मन लगाकर देखने लगा जो अब बहुत जल्दी किसी-न-किसी गम्भीर नतीजे पर पहुँचनेवाली थी।

दोनों अब बिलकुल पस्त हो चुके थे। दोनों की आँखें बाहर निकल आई थीं। गालियाँ बन्द हो चुकी थीं और वातावरण में

एक अजीब-सी मनहूस शान्ति छा गई थी—जैसी श्मशानों में होती है, या किसी के इकलौते बच्चे की मृत्यु पर घर में। दोनों आदमी सहारे के लिए क्षण-भर एक-दूसरे पर टिके, फिर निर्जीव होकर ज़मीन पर लुढ़क गए। लड़ाई समाप्त हो गई, क्योंकि लड़नेवाले समाप्त हो गए।

जानवरों ने पहली बार ज़ोरों से ताली बजाई और उनकी हर्ष-ध्वनि से सारा आकाश भर गया—सबसे ऊँची आवाज़ थी गीदड़ों की।

कोलाहल के थमते ही जानवरों के बीच से एक शेर आगे बढ़ा, दो मुर्दा हाथों को उसने हवा में ऊँचा करते हुए निर्णय दिया, 'दोनों बराबर रहे।'

एक बार फिर दोनों हाथों से तालियाँ बजीं, और हमेशा के लिए बिलकुल शान्ति हो गई।

इस शानदार लड़ाई का इतिहास लिखने का काम पास ही पेड़ पर शान्त भाव से बैठे उल्लू को सौंपा गया ताकि जानवरों की आनेवाली पीढ़ियाँ इस महायुद्ध का वृत्तान्त पढ़कर प्रेरणा लें।

जनमति

सादिक़ मियाँ की नीयत कुछ देर तो सँभली रही, फिर बिगड़ गई। बिलकुल नई साइकिल, बिलकुल लावारिस खड़ी थी, ताला तक बन्द नहीं। एक बार उन्होंने अपने चारों ओर देखा और फिर साइकिल के चमकते हुए हैंडिल पर इस तरह हाथ फेरा मानो किसी लाजवाब अरबी घोड़े की गरदन सहला रहे हों। न रहा गया उनसे, बैठ भी गए। किसी ने न टोका, न ध्यान दिया, साइकिल तो ख़ैर कह ही क्या सकती थी? पैडिल पर हलका दबाव डाला। जवान साइकिल सरासर भाग चलने को तैयार थी। आस-पास लोग उसी तरह

आते-जाते रहे, जैसे पहले।

सादिक़ मियाँ ने एड़ लगायी; साइकिल हवा से बातें करने लगी। चीज़ उनकी थी।

लेकिन, हाय री बदक़िस्मती! बीचोबीच सड़क पर भैंसों का एक अथाह झुंड चला आ रहा था। हड़बड़ी में सादिक़ मियाँ एक ज़बरदस्त भैंस से टकरा गए—आमने-सामने। क्या करते बेचारे, गिर पड़े, ख़ुद को कम चोट आई, साइकिल को ज़्यादा। पहिया मुड़-तुड़कर गोल से गोलमाल हो गया; हैंडिल घूमकर गद्दी की तरफ़ देखने लगा और मडगार्ड ने ऐसी सूरत बना ली मानो वह साइकिल नहीं, भैंस का ही कोई हिस्सा हो। भैंस चुप खड़ी थी; सादिक़ मियाँ घबराए हुए अपाहिज साइकिल को देख रहे थे। क्या करें? अजीब मुसीबत में फँस गए थे। एक बार सोचा साइकिल छोड़कर भागें, आख़िर साइकिल ही तो टूटी थी, पाँव तो अभी सलामत थे!

लेकिन इसी बीच उनके चारों ओर भीड़ इकट्ठा होने लगी, जो कि स्वाभाविक था। उस वक़्त भागने का मतलब होता अपने को और मुसीबत में डालना। दो, चार, छह...दर्जनों औरत, मर्द, बच्चे उन्हें घेरकर खड़े होने लगे। बीच में बुरी तरह घायल साइकिल पड़ी थी जिसके एक ओर भैंस खड़ी पगुरा रही थी और दूसरी ओर सादिक़ मियाँ खड़े चकरा रहे थे।

लोगों को सबसे पहले नई साइकिल की दुर्दशा पर दया आई, फिर सादिक़ मियाँ के प्रति करुणा उपजी, और अन्त में भैंस के प्रति क्रोध। क्योंकि भैंस के मुँह लगने का प्रत्यक्ष परिणाम लोगों के सामने था, इसलिए भैंस से न उलझकर लोगों ने उस ग्वाले को पकड़ा जिसके कारण बीच सड़क पर भैंस जैसी चीज़ का ख़तरा उत्पन्न हुआ और सादिक़ मियाँ जैसी शरीफ़ चीज़ उस ख़तरे का शिकार हुई।

सर्वसम्मति से तय हुआ कि ग्वाले की अच्छी तरह मरम्मत हो। सादिक़ मियाँ ने एतराज़ किया। उनके ख़याल से साइकिल की मरम्मत ज़्यादा ज़रूरी थी, ग्वाले के द्वारा। यही बात मानी गई।

बड़े दर्द और सहानुभूति से साइकिल उठाकर पास के एक

साइकिल-अस्पताल में पहुँचाई गई, जहाँ उसकी मरहमपट्टी में दस रुपए लगे। ग्वाले से जब ख़र्च अदा करने को कहा गया तो उसने अपनी असमर्थता प्रकट करते हुए कहा कि दस रुपए क्या, दस पैसे भी उस समय उसके पास नहीं थे।

यह नई समस्या जब सर्वसाधारण के सामने आई तो असाधारण बहस के स्वर सुनाई दिए, एक साथ इतनी बहस कि एक भी बहस ठीक से समझ सकना कठिन था। फिर भी एक बात किसी तरह बचकर सामने आई—ग्वाला जो कुछ पहने था उसे बिकवाकर जुर्माने की रक़म अदा करवायी जाए।

यह भी मुश्किल था क्योंकि ग्वाले के शरीर पर सिवा एक धोती और हाथ में एक लाठी के और कुछ न था। उतना सब यदि ले भी लिया जाता तो काफ़ी नहीं था।

बहरहाल, साइकिल ठीक हो जाने के बाद सादिक़ मियाँ और साइकिल उस सारे झगड़े से निवृत्त हो गए माने जाएँ—इस परिस्थिति को न केवल जनता ने निर्विवाद माना बल्कि उस अभागे साइकिलवाले ने भी जो अब दस रुपए में सादिक़ मियाँ की सारी बला अपने सिर ओढ़ गुनहगार ग्वाले के सामने ख़ुशी-ख़ुशी मुद्दई था। लोगों के पक्ष में भी यह बात सराहनीय कही जाएगी कि किसी भी हालत में, न्याय को बिना किसी अन्तिम निर्णय तक पहुँचाए, एक भी आदमी पीछे हटने को तैयार न था।

किसी समझदार ने यह सुझाव फिर दुहराया कि यदि साइकिलवाला सन्तुष्ट हो तो दस रुपए की ही ग्वाले की भी मरम्मत हो जाए, लेकिन इस फ़िज़ूल बात पर किसी ने ज़्यादा ध्यान नहीं दिया, यद्यपि ग्वाला इसके लिए सरासर तैयार था। सबका ध्यान इस पेचीदा समस्या पर अटका था कि ग्वाले की मौजूदा हैसियत से दस रुपया किस तरह निचोड़ा जाए?

एक साहब ने, जो मुमकिन है वकील रहे हों, या वकील होने लायक़ रहे हों, एक़ मौलिक सलाह दी कि ग्वाले की वही भैंस बिकवाकर, जिसके कारण इतना बवाल खड़ा हुआ, जुर्माने की रक़म अदा की जाए। ख़याल बेजा नहीं था। बात मानी गई।

भैंस फिर बीच में आई। पाँच मिनट तक इन्तज़ार किया

गया। लेकिन इतनी बड़ी भैंस जैसी चीज़ का तुरन्त ख़रीदार कहाँ मिलता? भैंस कोई पान, बीड़ी, सिगरेट तो नहीं है कि रास्ता चलते ख़रीदा, जेब में डाला और घर आकर जेब समेत खूँटी पर टाँग दिया। एक ऐसी ज़िम्मेदारी का सवाल था जिससे बाल-बच्चों तक का फ़ायदा या नुक़सान हो सकता था। दूसरे, भैंस बराबर रक़म उस समय थी किसके पास? लिहाज़ा वह न्याय भी नाकामयाब रहा।

हर आदमी उस समय किसी लालबुझक्कड़ की कमी बुरी तरह महसूस कर रहा था। एक विशेष सज्जन पर कुछ लोगों की निगाहें टिकीं, टिकी रहीं। लगते तो थे वे लालबुझक्कड़; हालाँकि कुछ लोगों को वे शेखचिल्ली मालूम दिए। वोटिंग हुई और नतीजा यह निकला कि वे शेखचिल्ली नहीं लालबुझक्कड़ ही हैं, यद्यपि वे ख़ुद अपने को बराबर कोई पैग़म्बर बताते रहे। ख़ुद वे अपने को चाहे जो समझते रहे हों, पर लोगों की समझ के आगे उनकी एक न चली और उन्हें वही बनना पड़ा जो लोगों ने उन्हें बनाया।

उनकी राय यह हुई कि ग्वाले की भैंसों से दस रुपए की क़ीमत का दूध दुहकर वहीं बेच दिया जाए। दूध ऐसी चीज़ थी कि थोड़ा-थोड़ा हर आदमी तुरन्त ख़रीद सकता था और वहीं इस्तेमाल कर सकता था। फ़ैसला निःसन्देह इतना लाजवाब था कि लोगों ने बिना किसी दबाव के ज़ोर से तालियाँ बजाईं और उस फ़ैसले का ज़ोरदार स्वागत किया।

दूध दुहा गया। कई जानकार लोगों ने बड़े उत्साह से इस काम को कुशलता से सम्पन्न किया। किसी ने पाव भर, किसी ने डेढ़ पाव, किसी ने आधा सेर ख़रीदा और वहीं पिया। ताज़ा बिना पानी मिले दूध जैसी दुर्लभ चीज़ इस भाव मिल जाए तो भला ख़रीदने में किसे आपत्ति हो सकती थी? बल्कि लोगों को इस बात का कुछ अफ़सोस ही था कि जुर्माने की रक़म दस रुपए से और ज़्यादा क्यों न हुई!

जुर्माना तो अदा हो गया लेकिन इस बीच एक ऐसी अप्रत्याशित घटना घटी कि लोगों को अपने न्याय पर फिर से विचार करने

के लिए बाध्य होना पड़ा।

जितने समय में दूध दुहा गया, ग्वाले की दशा दयनीय हो गई। कुछ लोगों को लगा कि उसके साथ न्याय की झोंक में थोड़ा अन्याय हो गया। उतना गुनहगार वह न था जितनी सज़ा भुगत गया। आख़िर तो ग़लती भैंस की ही थी, ग्वाले की ग़लती तो इतनी ही थी कि भैंस उसकी थी। किसी बुज़ुर्ग ने इस मौक़े का बेजा फ़ायदा उठाकर एक कहावत बिलकुल बेतुकी चिपका दी–'धोबी से जीत न पाए, गधे के कान ऐंठे...।' लेकिन बावजूद इसके कि कहावत का इस्तेमाल बिलकुल उलटा हुआ था, बात लोगों के बिलकुल सीधी समझ में आई। कहावतों की शायद सबसे बड़ी ख़ूबी ही यह है कि उन्हें चाहे सीधा इस्तेमाल कीजिए, चाहे उलटा, मतलब वही निकलता है जो आप निकालना चाहें।

ग्वाले की दशा–या दुर्दशा–का भरपूर असर पड़ा एक महिला पर, जो इस समय भीड़ का सबसे सुन्दर और मार्मिक हिस्सा थीं। उन्हें शुरू से ही ग्वाले पर तरस आ रहा था, लेकिन न्याय के आगे क्या बोलतीं? अपने को किसी तरह सँभाले रहीं, परंतु जब लोगों की सहानुभूति भी कुछ-कुछ ग्वाले के पक्ष में हुई, तो उनके धीरज का बाँध टूट गया। ग्वाले की न जाने किस व्यथित मुद्रा ने उनकी हृत्तन्त्री के अत्यन्त कोमल तारों को छू दिया और वे सूक्ष्म सिसकियों की मर्मस्पर्शी मीड़ों में बजने लगे। लोगों के हृदय, जो पत्थर के नहीं बने थे, कुछ उनके आँसुओं से लेकिन ज़्यादा उनकी सुन्दरता से पिघल गए। चारों तरफ़ से करुणा का सागर उमड़ने लगा। लोग अपने किए पर पछता-पछताकर ग्वाले के प्रति किए गए अन्याय का प्रतिकार करने लगे।

अपनी-अपनी अनुभूति के अनुसार उस पर चवन्नियाँ, अठन्नियाँ, रुपया तक इस तरह न्यौछावर होने लगा मानो लोग अपने जीवन-भर के पापों का प्रायश्चित वहीं कर डालेंगे। इस समय लोगों की शक्ति-भावना नहीं, धर्म-भावना ज़ोरों पर थी जिसका पूरा लाभ ग्वाले को पहुँचना निश्चित था। धार्मिक आवेश के आगे यदि ग्वाला नहीं, ग्वाले की मूर्ति भी होती तो कोई अन्तर न पड़ता। दस रुपये की जगह बीस रुपए से ऊपर पाकर उसने

मन-ही-मन पहले अपनी भैंस को सराहा, फिर ईश्वर को धन्यवाद दिया और अन्त में लोगों की ओर गद्गद् भाव से देखा। भैंस को छोड़कर इस समय सबकी आँखों में उदारता के आँसू थे। लोगों का मन इतनी महान श्रद्धा बरसाकर फूल की तरह हलका हो गया था। सादिक़ मियाँ ख़ुश, साइकिलवाला ख़ुश, ग्वाला उन दोनों से अधिक ख़ुश, और लोग सबसे ज़्यादा ख़ुश—इसे कहते हैं सच्चा न्याय !

उसी दिन लगभग उसी समय जब यह सब हो रहा था, कुछ ही दूर पर एक और साधारण-सी घटना घटी। सोचता हूँ, लगे हाथों उसकी भी चर्चा कर दूँ।

कोई साहब किसी दुकान से कुछ सामान ख़रीदकर बाहर निकले तो देखा उनकी बिलकुल नई साइकिल नदारद। एक बार तो तालू सूख गया, माथे पर पसीना आ गया। नई साइकिल, अभी कुल पैसे तक नहीं चुकाए थे।

पास ही एक पानवाले की दुकान थी। पूछा, 'मेरी साइकिल यहाँ खड़ी थी, न मालूम कहाँ गई?'

'क्या ताला नहीं बन्द था?' पानवाले ने लाज़िम सवाल किया।

'न।'

'तो हवा खाने गई होगी!' व्यंग्य करते हुए पानवाले ने उन्हें ऐसे देखा मानो किसी सिरफिरे को देख रहा हो।

'फिर काहे की शिकायत, साहब! साइकिल उठवाने का सारा प्रबन्ध तो आप खुद ही कर चुके थे।' दूसरे साहब बोले।

'न उठती तो ताज्जुब था।' किसी और ने फ़रमाया।

'हद है मूर्खता की...!' तीसरे ने राय ज़ाहिर की।

'बिना ताले की साइकिल...शिकायत दूसरों से!' चौथे साहब से भी न रहा गया।

'जाइए साहब, अब घर जाइए। जो बेवकूफ़ी की आपने, उसकी सज़ा भुगतिए।' पाँचवें साहब ने केस क्लोज़ कर दिया।

चाक़ू की धार

छोटे मियाँ को हर तरह छोटा दिखाते हुए बड़े मियाँ साबित कर रहे थे, 'तुम कभी सही ख़रीदारी कर ही नहीं सकते। चाहे सब्ज़ी हो, चाहे हवाई जहाज़, ख़रीदारी असलियत में सौदा परखने और फिर सौदा पटाने का वह हुनर है जो बरसों नाक रगड़ने के बाद हासिल होता है। इसके लिए धीरज चाहिए, और वह ख़ास तरह की अक़्ल, जो तुम्हारे पास है ही नहीं।' फिर कुछ रुककर, अपने को हर तरह बड़ा दिखाते हुए बोले--'मुझे देखो, किस तरह ख़रीदारी करता हूँ। यह सब्ज़ी की टोकरी आप देख रहे हैं? देखने में बड़ी मामूली चीज़ है। लगता है, बीस रुपल्ली का

नौकर भी यह कर सकता है। मगर जनाब, इस ख़रीदारी के पीछे एक ख़ास तरह का चरित्र है, जो बीस रुपल्ली में नहीं मिलता, ज़िन्दगी-भर नाक रगड़ने के बाद मिलता है।'

छोटे मियाँ का हाथ अनायास अपनी नाक पर चला गया, जो बेहद छोटी थी और उस वक़्त जुकाम की वजह से बुरी तरह बह रही थी। नाक सुड़ककर कुछ कहना चाहते थे कि बड़े मियाँ ने घुड़का, 'मैं बहस के लिए बिलकुल तैयार नहीं। जी चाहे मेरी बात मानिए, न जी चाहे तो जहन्नुम में जाइए।' सच था कि छोटे मियाँ के लिए बड़े मियाँ की बात और जहन्नुम के बीच दूसरी ऐसी कोई जगह न थी जहाँ वे जा सकते थे। इतनी ज़बरदस्त दुविधा में छोटे मियाँ को ढकेलकर बड़े मियाँ क़रीब-क़रीब यह अन्दाज़ा लगा चुके थे कि हो न हो, जाएगा यह जहन्नुम में ही। उसे जहन्नुमी मानकर आगे बोले, 'यह आपकी नाक क्यों बह रही है? जब देखिए बीमार। यह सब इसी का नतीजा है, जो आप सबेरे-सबेरे उठकर मेरी तरह शीर्षासन नहीं करते। मुझे देखिए, पाँच मिनट सिर के-बल खड़ा हो जाता हूँ—सब बीमारी ग़ायब। एक आप हैं, पाँच निमट पाँव के बल खड़े होना मुश्किल। जब देखो लेटे हुए।'

छोटे मियाँ ने चाक़ू की तेज़ धार पर धीरे से अँगूठा फेरा। लाजवाब चीज़ थी। छोटे मियाँ को एक टोकरा सब्ज़ी याद आई। सब-की-सब अगर सफ़ाई से कट सकती थीं, तो इसी चाक़ू से। उसे ले लिया। क़ीमत, मोलभाव के बाद, ढाई रुपए।

बेहद दिलचस्पी को हद-भर छिपाते हुए बड़े मियाँ की पारखी निगाहों ने भी ताड़ लिया कि चाक़ू सैकड़ों में एक है। छुआ नहीं, दूर से ही देखते रहे। नाखुश नहीं हैं, यह सोचकर छोटे मियाँ ने चाक़ू डरते-डरते बड़े मियाँ के हाथों में दे दिया। बेमन से उलट-पुलटकर देखते रहे। ब्लेड खोला, बेगम की ज़बान की तरह

लपककर खुला। बड़े मियाँ ने उसकी सरासर तेज़ी को सराहा। क्या सरपट धार थी, जो कहिए काटकर फेंक दे। लेकिन छोटे मियाँ की प्रश्नसूचक दृष्टि से जब उनकी दृष्टि मिली, तो सारी सराहना गोल कर गए। चुपचाप चाक़ू लौटाते हुए बस इतना ही बोले, 'बुरा नहीं है।'

बेचारे छोटे मियाँ की तबीयत लगभग रुआँसी हो आई, मगर तबीयत को रोककर, एक कोशिश और की, 'क्या बहुत अच्छा नहीं है?'

'हूँ, मामूली अच्छा है। बहुत अच्छा, दाम पर मुनहसिर करता है। कितने का है? काफ़ी महँगा लाए होंगे?'

'जी, चीज़ देखते हुए बहुत महँगा नहीं कहा जा सकता।'

'चीज़ कोई अनोखी थोड़े ही है। बाज़ारों में मारी-मारी घूमती है। खोजने की अक़्ल चाहिए, वरना अच्छी चीज़ से ज़्यादा अच्छे दाम टेंट से निकल जाते हैं।' उस चाक़ू की ख़रीदारी में कहाँ कमज़ोरी हो सकती है, इसे बड़े मियाँ ने बख़ूबी भाँप लिया था। इतना ज़बरदस्त पैंतरा लगाकर बड़े मियाँ इत्मीनान से दूसरी ओर देखने लगे। लेकिन आज छोटे मियाँ आसानी से हारने के मूड में न थे। बिना चित हुए बोले, 'आपका कहना ठीक है। यों तो ऐसा चाक़ू बाज़ार में मारा-मारा फिरता है, लेकिन बहुत महँगा—पाँच-छह रुपए से कम में नहीं।'

बड़े मियाँ के चेहरे पर 'देखा!' वाला भाव एक विजयिनी मुस्कराहट में छितर गया। छोटे मियाँ कहते रहे, 'लेकिन यह ख़ास चाक़ू है, जिसे मैंने काफ़ी नाक रगड़ने के बाद हासिल किया है। इसकी धार और इसकी क़ीमत दोनों सिफ़ानी हैं।'

अबकी बड़े मियाँ अपनी उत्सुकता आसानी से न छिपा सके। अन्दर-ही-अन्दर डरे कि कहीं अन्धे के हाथ बटेर तो नहीं लग गई? सचमुच यह चाक़ू सस्ता मार लाया हो?

आशंकित स्वर में पूछा, 'कितने का है?' छोटे मियाँ ने बड़े मियाँ के स्वर में कहीं सहसा आत्मविश्वास की कमी महसूस की। गोया कि किसी धाकड़ उस्ताद को एकाएक यह इलहाम हो जाए कि शागिर्द अब वह शागिर्द नहीं जो हमेशा की तरह इस बार

भी आसानी से पटखनी खा जाए।

छोटे मियाँ मनमुदित बोले, 'बहुत सस्ता!'

बड़े मियाँ बेहद चौकन्ने हो गए, इतने चौकन्ने कि यह साफ़-साफ़ दिखाई देने लगा कि वे चौकन्ने हैं, छोटे हैं। छोटे मियाँ ने उन्हें इतना चौकन्ना होते कभी नहीं देखा था। पैंतरा बेढब फँसा था। आज कोई ज़बरदस्त फ़ैसला होनेवाला था।

'फिर भी, आख़िर कितने का है?'

'आप बताइए, बड़े मियाँ, कितने का हो सकता है? कितने तक हो कि आप इसे लाजवाब ख़रीदारी मानेंगे?'

बड़े मियाँ ने इसे चुनौती माना। क्या यह किसी ऐसे दाम में चाक़ू ले आया है जिसकी बड़े मियाँ कल्पना भी नहीं कर सकते? असम्भव। बड़े मियाँ को ख़रीद-फ़रोख़्त का बरसों पुराना तजुर्बा था, और यह कल का लौंडा दो-चार आने सस्ता चाक़ू क्या ख़रीद लाया है कि आज उनको ललकार रहा है! इसे सबक़ सिखाना होगा। बेमुरव्वत बोले, 'एक रुपया।'

छोटे मियाँ का मुँह उतर गया। समझ गए, बड़े मियाँ बेईमानी पर उतारू हैं। दाँव-पेंच से काम नहीं चल रहा, तो ज़बरदस्ती, मगर जीतना ज़रूरी है। नामी उस्ताद, ऐसे लौंडे से चित होने लगे, तो बस हो गया। बड़े मियाँ की नीयत ख़राब देखकर छोटे मियाँ के लिए हर तरह अपनी रक्षा करना ज़रूरी हो गया। 'स्पोर्ट्स' अब 'स्पोर्ट्स' नहीं रह गया था, 'या मैं, या तू' वाली स्थिति पर पहुँच गया था।

उतने ही तपाक से छोटे मियाँ बोले, 'बारह आने!'

बड़े मियाँ लड़खड़ा गए। ग़ुस्से में बोले, 'झूठ, सरासर झूठ!'

'तुम्हारे तजुर्बे की कसम, बड़े मियाँ, सच, बिलकुल सच...।'

मगर बड़े मियाँ भी कच्ची गोली नहीं खेले थे। जेब से दस का नोट निकालकर छोटे मियाँ को देते हुए बोले, 'ऐसे आधा दर्जन चाक़ू मेरे लिए भी लेते आओ।'

छोटे मियाँ के पाँव के नीचे से मानो अखाड़ा खिसक गया। बड़े मियाँ बड़े आराम से छोटे मियाँ की परेशानी अनुभव कर रहे थे–अभी बच्चा है, समझता नहीं, किससे पाला पड़ा है! उनके

चेहरे पर व्यंग्यपूर्ण सन्तोष था और यही छोटे मियाँ के लिए हमेशा असह्य होता था। लेकिन आज वे दूसरे ही तैश में थे। और किसी दिन शायद वे उस व्यंग्य की अवहेलना करके मुँह मोड़ लेते, लेकिन आज जब वे बड़े मियाँ से बेईमानी के स्तर तक पर लड़ने के लिए अखाड़े में उतरे थे, तो हार मान लेना हमेशा के लिए बेईमानी से हार मान लेना होता। आज तो जीतना ही था क्योंकि बड़े मियाँ बेईमानी ही नहीं, बुद्धि के मामले में भी अपने को बड़ा दिखाने की कोशिश कर रहे थे। बुराई के बल पर कोई भले से भले ही जीत जाए, लेकिन प्रखरतर बुद्धि से भी जीत जाए, यह असह्य था।

दस का नोट वापस करते हुए छोटे मियाँ गम्भीरता से बोले, 'वाह बड़े मियाँ, अब कहाँ ऐसा चाक़ू इस भाव मिल सकता है? इस भाव तो यह एक ही चाक़ू था बाज़ार में जो बड़ी नाक रगड़ने के बाद मैं खोज पाया था। और सब या तो इससे घटिया चाक़ू हैं, या फिर इससे कहीं ज़्यादा क़ीमती। यों आपके लिए क्या दिक़्क़त, आप तो तजुर्बेकार आदमी हैं, कहीं-न-कहीं यह माल इससे भी सस्ता खोज ही लेंगे!'

बड़े मियाँ चुपचाप छोटे मियाँ को देख रहे थे। दो मिनट बाद आगे बढ़े और छोटे मियाँ की पीठ ठोंकी, 'शाबाश! अब तुम पक्के व्यापारी हो गए। आज तुमने जो करामात दिखाई है, यही व्यापार का असली भेद है। कोई व्यापारी ऐसा नहीं, जो व्यापार में चकमा न खाता हो। लेकिन वह जो चकमा खाकर भी दूसरों को चकमा देना न सीख सके, कभी व्यापार नहीं कर सकता। और यह व्यापार ही दुनियादारी है, जो घर से शुरू होती है। याद रखो, प्यार या नफ़रत बच्चे करते हैं; बड़े होकर आदमी सिर्फ़ व्यापार करते हैं! इस धोखे में कभी मत रहना कि तुम प्यार या ईमानदारी जैसी चीज़ों से दूसरों को जीत सकते हो—और जीतना ज़रूरी है, चाहे जैसे; क्योंकि हर आदमी 'चाहे जैसे' जीतने की कोशिश में है, सिर्फ़ प्यार और ईमानदारी से नहीं!!'

मुआवज़ा

कब उन साहब के बुश्शर्ट की बाँह मेरी मोटर के दरवाज़े के हैंडिल में फँसी और कब मोटर के चलते ही चर्र हो गई, यह मैंने और उन्होंने तो क्या, भगवान तक ने न देखा होगा। बहरहाल, यह घटना दुर्घटना के दर्जे में तो आती ही थी, वरना वह साहब इतने हौसले से नाराज़ क्यों होते? तुरन्त साइकिल पर से उतर पड़े—मोटर बेचारी तो मुश्किल से चल ही पाई थी। लगभग दो मिनट लिये उन्होंने सिर्फ़ लाल-पीले होने में, फिर बिना अपने को सम्हाले ही बोले, 'आपको दिखलाई नहीं पड़ता?'

मैंने उन्हें ग़ौर से देखते हुए कहा, 'पड़ता है—और जहाँ तक सिर्फ़ हमारे और आपके बीच दिखलाई पड़ने का सवाल है—शायद आपसे ज़्यादा ही दिखाई पड़ता हो।'

'क्या मतलब आपका?' उन्होंने डपटकर पूछा।

'मतलब यह है कि मुझे अगर साइकिल जैसी छोटी चीज़ नहीं दिखाई दी, तो आपको शायद मोटर जैसी बड़ी चीज़ नहीं...!'

'छोटी-बड़ी मैं कुछ नहीं जानता।' सहूलियत से कोई बात करने के मूड में वह साहब हरगिज़ नहीं थे। आवाज़ और ऊँची करके बोले, 'नुक़सान मेरा हुआ या आपका?'

'मेरा क्यों होता? ग़लती तो आपकी थी जो आप अपने दाहिने चल रहे थे...।' मैंने उन्हें समझाने की एक कोशिश और की, लेकिन तब तक भीड़ जमा होने लगी थी जो उनकी तरफ़ से मेरी बात समझने लगी, और बिना मेरी बात को पूरी तरह समझे, अपनी बात उन साहब को समझाने लगी, जो अपनी बात मुझे समझा रहे थे। नतीजा यह हुआ कि तमाम समझदार एक-दूसरे को अपनी-अपनी बात समझाने में इस तरह लग गए कि यह समझना मुश्किल हो गया कि कौन समझा रहा है और कौन समझ रहा है। थोड़ी देर तक यही शग़ल रहा। फिर जब लोग इससे ऊब गए तो हम दोनों को एक मौक़ा और दिया गया कि अपने झगड़े को बिना समझे-बूझे आगे बढ़ाएँ।

वह साहब साइकिल लिये खड़े थे, मैं मोटर के अन्दर बैठा था, और हम दोनों को घेरे हुए तमाम समझदारों और तमाशबीनों का एक हुजूम। वातावरण में कहीं दंगा हो जाने की-सी उत्तेजना थी। पहले से काफ़ी इन्तजाम किया गया होता तो महायुद्ध तक हो सकता था। उन साहब ने किसी ताक़तवर नेता की तरह लोगों की तरफ़ इस तरह देखा, मानो कह रहे हों, 'भाइयो और बहनो! आप लोग थोड़ा शान्त हों तो मैं इन मोटरवाले साहब से निबटूँ। नुक़सान मेरा हुआ है, आप लोगों का नहीं, इसलिए मेहरबानी करके मेरी बातों में आप लोग हिस्सा न लें। आप केवल तमाशे के हक़दार हैं—सो, चुपचाप तमाशा देखिए,

और अपने-अपने घर जाइए।'

इसके बाद वे मेरी तरफ़ मुड़े, और बोले, 'देखिए जनाब, आपकी मोटर से मेरी बुश्शर्ट फटी—इसका सबूत सबके सामने है, लेकिन इसका क्या सबूत कि ग़लती मेरी थी?'

'मेरी मोटर अभी भी अपने बाएँ पर है...।'

'इससे क्या होता है? आपको यह भी देखना चाहिए था कि आपके दाहिने कौन चल रहा है!' बुश्शर्ट की फटी बाँह को हवा में झंडे की तरह लहराते हुए वह साहब तैश में बोले। ज़ाहिर था कि वह कोई मामूली चीज़ नहीं थे जो अपने दाहिने चल रहे थे। कई लोगों ने उनका समर्थन किया, फिर सब लोगों ने उनका समर्थन किया।

स्थिति अब काफ़ी गम्भीर हो गई थी। कुछ-न-कुछ शीघ्र ही फिर घटित होने वाला था। लोग साँस रोके हुए उतावले खड़े थे। मैंने भी मानो सर्वनाश के लिए कमर बाँधी—ये साहब ऐसे न मानेंगे...मोटर का दरवाज़ा खोलकर बाहर निकला। भीड़ में एक ख़ामोश हलचल। उन साहब ने भी लपककर अपनी साइकिल बिजली के खम्भे से टिकाकर खड़ी कर दी। लोग अदब से क़तार बाँधकर दो तरफ़ हो गए। मैदान ख़ाली था। सबके दिल धक-धक कर रहे थे।

'आपका इरादा क्या है, जनाब?' मैंने सख़्ती से पूछा।

'आपको मेरे नुक़सान का मुआवज़ा देना होगा।' उतनी ही सख़्ती से उन्होंने भी जवाब दिया।

लगभग दो मिनट तक सनसनीखेज़ सन्नाटा। कोई निश्चित क़दम उठाना ज़रूरी था। मैंने अपनी बुश्शर्ट के बटन खोलना शुरू किया, उतनी ही मुस्तैदी से उन्होंने भी बटन खोलना शुरू किया। लोग आशंका से कुछ पीछे हट गए। मैंने एक बार उनकी तरफ़ ख़ूनी निगाहों से देखा और बिना किसी हिचक के बुश्शर्ट उतार डाली। ठीक यही उन साहब ने भी किया। इस समय हम दोनों एक-दूसरे को इस तरह देख रहे थे, जैसे जूझने से पहले दो कुत्ते एक-दूसरे को देखते हैं। लोग तथा वह साहब, बेकली से इन्तज़ार कर रहे थे कि मैं आगे बढ़ूँ, लेकिन ख़ुद आगे बढ़ने की बजाय

जब मैंने अपनी बुश्शर्ट आगे बढ़ाई, तो वह साहब सकपका गए। मेरी 'यह लीजिए' सुनकर बोले, 'यह क्या?'

मैंने सहज भाव से उत्तर दिया, 'मुआवज़ा। आपकी बुश्शर्ट के बदले में यह रही मेरी बुश्शर्ट!'

आत्महत्या

यह विश्वास हो जाने के बाद कि मैंने सबसे घातक विष प्राप्त कर लिया है और आवश्यकता पड़ने पर उसकी अमोघ शक्ति के सहारे आसानी से भवसागर पार कर सकता हूँ, मैंने शीशी को सँभालकर जेब में रख लिया। चलते समय मैंने अपने भीतर अलौकिक शक्ति अनुभव की और दृढ़ संकल्प होकर मन-ही-मन यह चुनौती आकाश की ओर फेंक दी कि या तो ज़िन्दगी मेरे सामने सफलता से पेश आए, या फिर जिसकी भी यह दरिद्र और मनहूस कल्पना हो, वह उसे वापस ले ले। मेरे संकल्प से एक बार सारा संसार काँप

गया क्योंकि मैंने निश्चित रूप से उसका कम्पन अनुभव किया।

काफ़ी लम्बी और जानदार बहस के बाद यह तय हो चुका था कि दैवी संविधान के अनुसार मुझे जीने या न जीने का पूरा अधिकार था; केवल मानवीय नियम ऐसे थे कि दोनों में बाधाएँ थीं। मैं उस जन्मसिद्ध स्वतन्त्रता के लिए हृदय से आभारी था कि चाहूँ तो ज़िन्दा रहूँ, न चाहूँ तो ज़िन्दगी नामक बेहूदा चीज़ को जड़ से उखाड़कर फेंक दूँ। मैं समझता हूँ कि 'बेहूदा' कहकर मैं जीवन के प्रति कोई असम्मान नहीं दिखा रहा हूँ क्योंकि मुझसे बहुत पहले मुझसे कहीं अधिक सम्मानित और समझदार ऋषि, मुनि, चिन्तक आदि इसे ऐसे तमाम विशेषणों से विभूषित कर चुके हैं। मैं तो उनकी उपेक्षाओं को दुहरानेवाले नगण्य शिष्य मात्र की कोटि में आता हूँ जो माया-मोह से बचने का आध्यात्मिक उपदेश देकर अन्तर्धान हो गए, या अभी भी कहीं हिमालय में समाधिस्थ हैं। मैं उनके विवेक का हृदय से क़ायल हूँ। उनका मनुष्य की महानता और बुद्धिमत्ता में ही अटूट विश्वास नहीं था, बल्कि उसकी नीचता और मूर्खता में भी उतना ही अडिग विश्वास था। इसीलिए जब उन्होंने देखा कि जनक या दशरथ जैसे कोई धर्मात्मा राजा थे तो कुछ समय के लिए संसार में आए, दो-चार ज्ञान की बातें बता गए; जब देखा कंस या रावण जैसी दुष्टात्माओं का ज़ोर है तो चुपचाप दुनिया को भगवान पर छोड़कर स्वयं किसी गुफ़ा में चले गए, आँखें बन्द कीं, साँस रोकी और दो-चार कल्प गुज़र जाने दिए। फिर कभी आँखें खोलने पर अगर सांसारिक वातावरण ज्ञान के अनुकूल पाया तो कुछ समय को लौटे, नहीं तो निश्चिन्त ब्रह्म में लीन रहे। चिन्तक के लिए, सांसारिक सन्दर्भ में, इससे बेहतर उपदेश वे भले ही दे गए हों पर दृष्टान्त नहीं दे सके!

आज मुझे पहली बार इस स्थिति की बुनियादी दया का आभास हुआ कि जीवन से विमुख हो सकना मनुष्य के वश में रखा गया है, और उससे भाव-विभोर होकर मैंने न जाने कैसे उस ईश्वर को धन्यवाद दे डाला जिसकी सत्ता का जीवन में मैं कभी बहुत प्रामाणिक तर्क नहीं पा सका था; हाँ, जीवन के परे

अवश्य उसे साबित कर सकना बहुत मुश्किल न था! बहरहाल, जिस मनःस्थिति में मैं था उसमें ईश्वर की सत्ता का एहसास हो जाना कोई बहुत बड़ी बात नहीं। मनोवैज्ञानिक दृष्टि से–इस समूची सृष्टि से असहमत होना, उसे निकम्मी और मूर्खतापूर्ण क़रार देना तथा उसके विरुद्ध अपने क़ीमती प्राणों की बाज़ी लगाकर विद्रोह की शीशी ऊँची करना तब तक सम्भव न था जब तक आँखों के सामने किसी आततायी तानाशाह का प्रतीक न हो।

मैं जानता हूँ, मुझे ईश्वर के रूप की प्रेरणा कहाँ से मिली–पिछले महायुद्ध सम्बन्धी कई अंग्रेज़ी फ़िल्मों से! किसी ख़ूँख़्वार, कठोरकर्मा, हिंसक नाज़ी अफ़सर के कमरे में ठीक उसकी कुर्सी के पीछे टँगी हिटलर की क्रुद्ध तसवीर से, जिसकी बाँह पर बना स्वास्तिक का चिह्न विशेष ध्यान आकर्षित करता था! अतः मैंने मानव-जीवन की सारी कटुताओं को उसी प्रकार एक फ्रेम में रखकर यह दिखा देना तय कर लिया था कि व्यक्ति की बुद्धि और इच्छा-शक्ति का अपमान करना इतना आसान नहीं–उसे जानवर के स्तर तक मजबूर नहीं किया जा सकता। मनुष्य होकर जीना मनुष्यता की ही शर्तों पर सम्भव है, उसे ज़बरदस्ती ऐसे अभावों में रख देना कि वह पिंजड़े में बन्द जानवर की तरह छटपटा-छटपटाकर रहे, उसकी सारी बुद्धिमत्ता और सामर्थ्य की हँसी उड़ाना है।

मेरे मन में भारी आक्रोश था, और जब मैंने अपने चारों ओर के पिंजड़े का ठीक से निरीक्षण करने पर उसे बेहद कमज़ोर पाया तो मेरा सारा क्रोध उस पिंजड़े को तोड़ सकने की सम्भावना से प्रेरित होकर असीम साहस में बदल गया। मैंने ज़ोर से उसके ढीले सींखचों को खड़खड़ाकर कहा, 'बस, इन्हीं सूखी तीलियों से मुझे बाँध रखने का हौसला था, परवरदिगार?' लेकिन परवरदिगार ने कोई उत्तर नहीं दिया–हो सकता है केवल मुस्कराकर रह गए हों।

सहसा मेरे मन में एक भयानक सन्देह का जन्म हुआ। यदि मुझे पिंजड़े में बन्द करके कठोर दंड देना ही ईश्वर को मंज़ूर था तो उसने पिंजड़ा इतना कमज़ोर क्यों बनाया कि पिंजड़े में बन्द होनेवाला उसे तोड़कर निकल भागे? ईश्वर के पास न तो साधन

की कमी थी, न बुद्धि की, फिर ऐसी साफ़ भूल का क्या कारण हो सकता है? जो सृष्टि जैसी भूल-भुलैया बना सकता है वह एक मज़बूत पिंजड़ा बनाने में चूक जाए, यह बात ज़रा पेचीदा थी। सन्देह की सारी भयानकता इस पर जाकर केन्द्रित हुई कि कहीं ऐसा तो नहीं कि इस पिंजड़े के चारों ओर भयंकर मगरमच्छों से भरी अँधेरी खाइयाँ हों और पिंजड़े की क़ैद से भागने के प्रयत्न में मैं उससे भी बड़ी दुर्दशा का शिकार हो जाऊँ?

सोचकर ही मेरे तो रोंगटे खड़े हो गए—कीचड़वाला बदबू करता खारा पानी, अँधेरा, मगरमच्छ और उनके आरियों से भी ज़्यादा पैने दाँत! मैं मृत्यु से नहीं डरता, लेकिन मृत्यु से पहले की दुर्दशा और फिर मृत्यु के बाद की यह और भी बड़ी दुर्दशा! अपने शरीर पर सैकड़ों तीखे दाँतों के धँसने और जल के लहूलुहान हो जाने की कल्पना से ही आत्मा विचलित हो गई। थोड़ी देर के लिए सांसारिक मृत्यु को स्थगित करके मुझे फिर से सोचने पर बाध्य होना पड़ा...।

मैं चाहूँ तो मृत्यु को स्थगित कर सकता हूँ, ऐसा सोचते ही मेरा सीना एक अकथनीय गर्व से तन गया, और निस्सन्देह मेरे इस गर्व का असर उन सारी चीज़ों पर पड़ा जो मृत्यु के भय से निस्तेज हो गई थीं। मैंने थोड़ी देर के लिए हर चीज़ को अपना जीवन बख़्श दिया था, और हर चीज़ मेरे प्राणों का स्पर्श पाकर फिर से लहलहा उठी थी। उस समय संसार की आँखों में एक अजीब स्वागत था, बाँहों में अजीब आह्वान, कि आत्मा दौड़कर उनसे लिपट जाना चाहती थी।

तभी किसी ने कान में चेतावनी दी, 'बस, यही वह स्थल है जहाँ हर विद्रोही मात खाता है! वीरता से प्राण दे देने के लिए जब वह युद्ध-क्षेत्र की ओर जाने लगता है तब उसे मज़बूत ज़ंजीरें नहीं, संसार की भीगी हुई आँखों और गले में पड़ी हुई कोमल बाँहों का आग्रह है जो बाँधता है। जहाँ उसने अपने जोश को ठंडा हो जाने का मौक़ा दिया, ज़िन्दगी ने उसे धर दबाया और उसके हाथ से तलवार, छुरी, पिस्तौल या ज़हर की शीशी छीन ली, और उसे ले जाकर फिर से जेल में बन्द कर दिया। बस,

वह जीवन-भर के लिए उस एक क्षण की दुर्बलता का ग़ुलाम होकर रह जाता है।'

मैं ज़ोर का ठहाका लगाकर हँसा, 'हरगिज़ नहीं, हरगिज़ नहीं, ओ ख़ूबसूरत चीज़ो! अब मैं ज़िन्दगी से बहुत दूर निकल आया हूँ, मुझे मुआफ़ कर देना, मेरी ख़ूबसूरत प्यारी-प्यारी चीज़ो! अलविदा!' और अपनी जेब में पड़ी ज़हर की शीशी को मैंने दृढ़ता से दबा लिया कि कहीं ज़िन्दगी उसे छीनकर नाली में न फेंक दे।

घर आकर मैंने अपना कमरा चारों ओर से अच्छी तरह बन्द कर लिया और संकल्प-चित्त होकर शीशी को सामने मेज़ पर रख दिया। घड़ी में देखा, इस समय साढ़े पाँच बजे हुए थे। पश्चिम का आकाश खिड़की से दिखाई दे रहा था और इस समय अस्त होते हुए हताश सूर्य की रक्ताभा से भर गया था। इधर-उधर भटके हुए बादलों में ख़ामोश मातम का रंग था। अपने काम-काज के बाद घर लौटते हुए लोगों और परिन्दों को क्या मालूम कि सूर्य डूबने से पूर्व कितनी ऐसी वेदनाओं से गुज़रता है जिनमें से हर एक मृत्यु से भी बड़ी होती है। मुझे मृत्यु के लिए यह समय विशेष समारोह का लगा। मैंने उदासी से उस शीशी की ओर देखा जिसमें मुक्ति का अमर सन्देश बन्द था। मेरा अनुमान था कि ज़हर को असर करते बीस सेकंड से ज़्यादा नहीं लगेंगे, क्योंकि काले बाज़ार की अतुल क़ीमत देकर मैंने वह विशेष घातक विष प्राप्त किया था।

अपने मन को बिलकुल पक्का करके मैं पलँग पर बैठ गया। सबसे पहले अपनी उस आदर्श प्रेमिका को याद किया जो मुझे जीवन में मिल न सकी थी, और फिर उन प्रेमिकाओं को जो मुझे मिल सकती थीं लेकिन आदर्श न थीं। इसके बाद मैंने अपने उन सब निकट मित्रों को याद किया जो भले थे और मेरा भला चाहते थे, पर दुर्भाग्य से किसी भलाई करने की स्थिति में न थे। फिर उन सगे-सम्बन्धियों की याद आई जिन्हें चुनने या न चुनने का मुझे कभी कोई मौक़ा नहीं दिया गया।

वे थे, और कुछ इस तरह थे कि उनका न होना मेरे न होने पर ही आश्रित था। अन्त में मुझे अपने उस फटे-पुराने नौकर की सूरत याद आई जो कल सुबह बीस वर्ष पुरानी आदत के अनुसार मेरे लिए चाय लाएगा, दरवाज़ा खटखटाएगा लेकिन रोज़ की तरह दरवाज़ा खुला न पाकर कितना परेशान होगा! उसकी हैरानियों और लम्बी परेशानियों को सोचकर मुझे हँसी आ गई–इस सारी कॉमेडी में उस मूर्ख पात्र की ईमानदार व्यथा पर।

आत्महत्या के पहले की इन सारी औपचारिकताओं से निवृत्त होकर मैंने ज़हर की शीशी हाथ में उठा ली और उसके ढक्कन को खोल डाला। मैंने अन्तिम बार ईश्वर की दी हुई दुनिया को हिक़ारत की नज़र से देखा और ज़हर को मुँह में उलटकर खुद बिस्तर पर उलट गया!

20, 19, 18, 17, 16, 15, 14, 13, 12, 11, 10, 9, 8, 7, 6, 5, 4, 3, 2, 1, 0। ऐं! क्या बात है ? मैंने आशंका से जो आँखें बन्द कर ली थीं, वे अभी भी अँधेरे को टटोल रही थीं। मुँह के अन्दर ज़बान घुमाई–ज़बरदस्त कड़वाहट महसूस की, लेकिन और कुछ नहीं। शीशी में कुछ ज़हर बाक़ी था उसे भी पी गया। मचली के साथ उल्टी होकर रह गई, बस।

मुझे जिस बात की आशंका थी, वही हुआ। ज़हर असली नहीं था। ईश्वर से बड़ा धोखा दुकानदार ने दिया था। ज़हर का मामला था। पुलिस में भी रिपोर्ट नहीं लिखा सकता था। मैंने यह कभी नहीं सोचा था कि मुझे इस तरह मनुष्य की ओर से ईश्वर के सामने शर्मिन्दा होना पड़ेगा। उसकी दी हुई ज़िन्दगी की उपेक्षा के सिलसिले में होनेवाले सवालों और जवाबों के लिए मैंने काफ़ी तैयारी कर रखी थी–बल्कि मन में एक दबी हुई चुनौती-सी थी कि कोई सामने आए तो, इस ज़िन्दगी के लिए अपने को ज़िम्मेदार बताकर सवाल-जवाब का मौक़ा तो दे!

लेकिन इस बेवक़्त की बदतमीज़ी ने मुझे बुरी तरह हरा दिया था। मनुष्य ही नहीं, अब ईश्वर के सामने भी मैं कुछ इस तरह ज़लील कर दिया गया था कि भविष्य में कभी सिर ऊँचा न कर सकूँ। ईश्वर के साथ-साथ अब मुझे मनुष्य की दया पर

से भी विश्वास जाता रहा था। मैंने पहली बार एक विचित्र सत्य पाया–कहते हैं कि मृत्यु के बहुत समीप ऐसे सत्य अक़्सर मिल जाया करते हैं!–कि दुनिया में जो कुछ हो रहा है उसके लिए ईश्वर से ज़्यादा मनुष्य दोषी है। ईश्वर के संविधान में यदि जीने की कटुताएँ हैं तो मरने की स्वतन्त्रता भी, लेकिन उस मानवीय संविधान को क्या कहा जाए जिसमें जीने और मरने दोनों की सम्भावनाएँ हों, लेकिन साधन की गारंटी एक की भी न हो!

बहरहाल, उस समय तो मैं बिना सही पासपोर्ट के देश त्यागने के अपराध में दुबारा गिरफ़्तार कर ही लिया गया था।

वह

वह अकसर दिखाई दे जाती है, और उसे इस तरह देखना मुझे अच्छा लगता है क्योंकि इस तरह एक सम्बन्ध बनता है जिसके टूटने में व्यथा नहीं। आत्मीयता और शारीरिकता दोनों से भिन्न वह एक पहचान है सुन्दरता की...और मैं एक विशेष दृष्टि जो उस सौन्दर्य को अद्वितीय बनाता है। जब तक उसे पहचानता हूँ, कलाकार की तीव्र अनुभूतियों में जीता हूँ...मन्त्रमुग्ध। विमुख : उसका लोप स्वप्न की असारता है।

वह कौन है?

वह कोई हो। इससे ज़्यादा आवश्यक बात है—वह

मेरे लिए क्या है? शायद कोई नहीं, लेकिन यह नहीं कह सकता कि वह मेरे लिए कुछ नहीं, क्योंकि उसका मेरे लिए कुछ होना, या मेरे द्वारा दूसरों के लिए कुछ होना, उस पर नहीं मुझ पर आश्रित है। उसका रूप मेरी दृष्टि का मुहताज नहीं, फिर भी मैं इस नाते कुछ इतना मजबूर हूँ कि उसके दिख जाने मात्र को अस्वीकार नहीं कर सकता। मैं जानता हूँ कि वह सुन्दरता कहीं भी, कभी भी, दिख जा सकती है और मेरे लिए यह जवाब नए सिरे से बेमानी हो जाएगा कि वह मेरे लिए कुछ नहीं।

क्योंकि मैं सबसे पहले उसके सौन्दर्य के परिचय को स्वीकार कर चुका हूँ, इसलिए उससे भिन्न वह जो सब है उसे नहीं जानना चाहता। वह इस रूप से भिन्न जो भी है वह मुझे आश्वस्त नहीं करता, चिन्तित करता है। उससे भिन्न जानना, हो सकता है उसे इस तरह पाना हो कि अपने को विकृत करना ज़रूरी हो जाए। मैं ईश्वर और शैतान को भले ही न मानूँ पर ईश्वरता और शैतानी के बीच तो फँस ही जा सकता हूँ। या वह सौन्दर्य नहीं, किसी की ज़रूरत मालूम दे जिसमें मेरी सौन्दर्यनिष्ठा कोई बेतुका विघ्न बनकर रह जाए। मुझसे परिचित होते ही वह मुझे अजीब तरह स्वीकार करे...बिना उस दृष्टि की ज़रा भी परवाह किए जो उसे अद्वितीय बनाती है...हो सकता है हमारे बीच एक सरल रिश्ता टूट जाए और उसकी जगह हम तमाम ऐसी मूर्खताओं और बेहूदगियों से जुड़ जाएँ जो मौसम के अच्छे या ख़राब होने से ज़्यादा महत्त्वपूर्ण न हों। उसका मुझे जानना भी उस सारी परिस्थिति को चौपट कर दे सकता है जिसे मैंने बड़ी सुरुचि से सँवारकर, एकालाप के रूप में, लोगों के वार्तालाप से बचा रखा है...उसकी समझ से अपने को जानना यदि सरासर घातक नहीं तो काफ़ी कष्टप्रद तो हो ही सकता है। वह किसी को देखकर सराहती है या समझकर, एक ऐसा बुनियादी सवाल है जहाँ से मैं ज़िन्दगी को शुरू करता हूँ, सिर्फ़ उसके सौन्दर्य की कहानी को नहीं। इसीलिए डरता हूँ कि कहीं वह मुझसे एक अनहोनी की तरह न मिले और एक जानी-पहचानी दूरी को निभाते हुए रोज़मर्रा की अधमरी चेतना-अनुभूति-शून्य भाषा में किसी पिटे

अभिनय को दोहराते हुए मुझे सड़क चलता छोड़ जाए। उसके बोलने से शब्द तो बने पर अर्थ नहीं, और मैं ऐसे अर्थों की खोज में अकेला रह जाऊँ जिनके बिना न तो सुन्दरता स्थापित हो सकती है, न उससे कोई महत्त्वपूर्ण सम्बन्ध ही।

अकसर की तरह आज भी वह देखी जाकर शायद सन्तुष्ट नहीं हुई। उस क्षण को हमेशा की ही तरह साधारण मानते हुए वह दूसरों की बातें दूसरों से कहती रही, और मैं अपनी बात अपने से। ऐसा लगता था कि वह सोचने और बोलने के बीच कोई ताल्लुक़ नहीं मानती—या अगर सोचती भी है तो उसे ही जिसे कोई पहले सोचकर बोल चुका हो, और उस बोले हुए को बिना किसी ख़तरे के किसी भी स्थिति, घटना या इंसान पर लागू किया जा सके। दूसरा कोई उसके लिए सोचे, चाहे उसे सोचे—वह उसके बावजूद है, और होगी, सुन्दरता की सही-सही पहचान।

सुखी होना आसान है, सुखद होना अन्य प्रकार की ज़िम्मेदारी है, जैसे सुन्दर होना और समझदार होना अलग-अलग सचाइयाँ हैं—और शायद एक-दूसरे से अलग रहने को बाध्य। इसीलिए जब भी मैं सोचने की बारीकियों में पड़ता हूँ तो न सोचनेवाले मुझे समझाते हैं कि सुख जैसी मोटी चीज़ के लिए बारीक समझ न केवल अनावश्यक बल्कि घातक है। सुख, उनके हिसाब से हरा-भरा मैदान है जिसे चरना कहीं से भी शुरू किया जा सकता है और कहीं पर भी समाप्त, और वह जो जीवन की हरी-भरी घाटियों में भूखा-प्यासा भटके वह अगर गधा नहीं तो सुखी भी नहीं है।

वह, जिसे सोचता हूँ अगर सोचे बिना पा भी जाऊँ तो वह मेरे किस काम की? मैं तो वही हूँ जो सोचता है अपने को, और सौन्दर्य को, परन्तु पाते हुए झूठा हो जाता है, क्योंकि पाना उन सबके लिए भी अपने को तैयार करना है जो न तो सौन्दर्य है, न विचार—महज़ अपनी-अपनी बात है, जो या तो दोनों तरफ़ से सही है, या दोनों तरफ़ से ग़लत और इसलिए वह न तो हमें एक-दूसरे के पास ला पाती है, न एक-दूसरे से दूर कर पाती। मैं जानता हूँ कि मैं जितना ही अपने सोचने और कहने को दुरुस्त करूँगा लोग मुझे उतना ही कम, या ग़लत, समझेंगे।

परिचय होते हुए उसने अपने दोनों हाथ जोड़कर नमस्कार किया जिसका मतलब था कि मैं भी ठीक वैसा ही करूँ चाहे मैं उस प्रथा से सहमत होऊँ या नहीं। मैंने अनुभव किया कि मैं उस प्रथा से कुछ इस तरह बँधा हूँ कि अभिवादन का मनचाहा उत्तर तक नहीं दे सकता–यानी इतना भी नहीं कर सकता कि उसके बँधे हुए हाथों को अपने दोनों हाथों के बीच में ले लूँ। कुछ भी उत्तर न देना मेरे लिए अधिक सन्तोषजनक होता, लेकिन अपने को इतना स्वतन्त्र भी नहीं पा रहा था, और इतना सब समझते-बूझते हुए भी किसी एक ही तरह के उत्तर के लिए बाध्य होना मुझे अपमान लगा।

...शायद उसने मुझे कुछ भिन्न तरह देखा, सोचा और अपने लिए हल कर लिया...।

'ये मेरे पति हैं।'

मैं कौन हूँ जो इस पर आपत्ति करूँ? बात यदि आपत्तिजनक हो तो भी उसे चुपचाप स्वीकार कर लेना ही धर्म है ऐसी स्थितियों में।

...और मैंने अपनी ओर से उसका सौन्दर्य तुरन्त चार हिस्सों में काटा और उसका तीन हिस्सा हमेशा के लिए उसके पति पर बलिदान कर दिया। चौथा हिस्सा बलि के बाद कटे हुए सिर की तरह कुछ देर मेरी कल्पना में छटपटाता रहा।

मेरे होने से मुझ पर आधारित एक त्रिकोण बनता था। सोच रहा था क्या एक कहानी भी बन सकती है?

बहुत दिनों बाद आज वह फिर मिली। सख़्त जुकाम से उसका बेचारा सिर परेशान था। नाक में दम था। मैंने सोचा, वह पत्थर की बनी होती तो इस आपदा से मुक्त होती। सुन्दर तब भी होती–और किसी की न होती! वह वीरान होती। वह जो किसी के लिए न होती, पति के लिए भी न होती। सब आदमी एक तरह के होते तो? सब औरतें एक तरह की होतीं तो? और ज़िन्दगी एक बहुत बड़ा हरा-भरा मैदान होता तो?

लाल फूल कोई ख़ास चीज़ नहीं, मगर उसके जूड़े में थे। अजीब था उसका उनकी तरह होना—कभी खुद-ब-खुद, कभी किसी की कल्पना...।

वे भाग्यशाली हैं जो रूप की उपयोगिता जानते हैं। अभागा वह जो सोचे कि इतने रूप का क्या हो?

एक काल्पनिक रेखा के दोनों ओर समानान्तर फ़ासले। वह रेखा मिट भी जाए तो फ़ासले नहीं मिटते—एक हो जाते हैं, रेखा के किसी एक ओर।

अगर त्रिकोण की दो रेखाएँ हटा ली जाएँ...!

कितना भयानक था वह रूप जो मनुष्य के अन्दर उसकी सामर्थ्य से ज़्यादा इच्छा भर सकता था। जो उस सौन्दर्य के सम्पर्क में आया, नष्ट हो गया। दहकता रूप जिसे चमकने के लिए आकाश का असीम चाहिए, चलने के लिए धूमकेतु का रास्ता! धरती पर उतरे तो दावाग्नि की तरह वनों को राख कर दे। हेलेन! बूढ़ा होमर जिस रूप को छूते डरा! दूर से केवल एक झलक—बस, और ऐसी एक झलक जो आज भी साहित्य में धधक रही है—घातक सौन्दर्य जो मनुष्य में उदात्त को ही नहीं उसके किसी असंयम को भी भड़का दे सकता है—काम, क्रोध, हिंसा, ईर्ष्या, लालच...इस तरह कि उसका प्रारब्ध बदल जाए।

उस दिन वह भी वहाँ थी जहाँ मैं भी नहीं-सा था। सिगरेट का धुआँ, शोरगुल, कोई उधमी संगीत, शराब, लड़खड़ाती बेमतलब बातों के बीच उसने कहीं एक विराम पा लिया...।

'आप...आप किस दुनिया में डूबे हैं?'

'जी...मैं?...शायद मछलियों की दुनिया में। बाहर की दुनिया का एक ग़ोताख़ोर किसी मोतीवाली सीपी की तलाश में।'

'मिली?'

'सीप तो मिली शायद,' उसे ध्यान से देखते हुए, 'लेकिन यह नहीं मालूम कि उसके भीतर क़ीमती मोती है, या सिर्फ़ कोई कीड़ा...?'

'जाँच क्यों नहीं लेते, जब हाथ में है?'

'हाथ में है? मैं समझा सिर्फ़ दिखाई दी...पहुँच से दूर। लेकिन जाँचने के लिए तो उसे पानी से बाहर लाना होगा, रोशनी में।'

'यहाँ की रोशनी काफ़ी नहीं?'

'यहाँ की रोशनी असली नहीं, झूठे मोतियों के लिए है। सच्चे मोतियों के लिए सच्ची रोशनी चाहिए...सूरज या चाँद की रोशनी।'

'चाँद? कहाँ है...?'

'वहाँ...समुद्र के किनारे...बालू पर...इस बनावटी, दमघोंट दुनिया से अलग एक और दुनिया है जहाँ खुला आसमान, हलकी हवा और मन को ख़ुशी से आरपार छानती हुई चाँदनी पाई जाती है। उसके बारे में आपने किताबों में पढ़ा तो होगा ही? क्या आप उस दुनिया के माने बूझ सकती हैं जिसे कविताओं में बुझाया जाता है?'

'हूँ। लेकिन सवाल है, क्या उसे सब बूझ सकते हैं?'

लड़खड़ाती-सी आवाज़ में उसका पति बिना प्रसंग बोला, 'वह खुली हुई किताब नहीं—मेरी निजी डायरी है...उसे पढ़ना ग़लती होगी...।'

मैं उस चौथे आदमी को नहीं जानता था जो त्रिकोण के बाहर था, लेकिन उस ख़तरे को जानता था जो उस चौथे की वजह से एक दिन उपस्थित हो सकता था।

वह एक दिन उपस्थित हुआ और बिना किसी भूमिका के बोला, 'वह आपसे मिलना चाहती है।' मैंने उस चौथे की ओर स्पष्ट सन्देह से देखते हुए पूछा, 'क्यों?'

'क्यों? क्या आप उससे मिलना नहीं चाहते? उसे नहीं चाहते?' उसने बड़ी निर्दयता से इस भारी सवाल को मेरे ऊपर ढकेल दिया और इत्मीनान से इस सवाल को लेकर मेरा सँभलना देखता रहा। वह आदमी ज़रूर ख़तरनाक था। पहली बार मुझे लगा कि उसकी शक्ल बहुत-बहुत पुरानी हो सकती है—शायद हज़ारों साल पुरानी! कहीं देखी हुई। बल्कि अकसर देखी हुई। किसी हिंसक

जानवर या काल्पनिक राक्षस की तरह निर्दय और मक्कार किसी कमज़ोर शिकार की तलाश में कि उसे मौक़ा मिलते ही झपटकर दबोच ले। हमेशा की तरह अब भी मैं अपने को होशियार करके आगे बढ़ जा सकता था, लेकिन किसी अजीब जादू का सा असर मुझ पर छाता जा रहा था जो मुझे बरबस उस अशुभ आदमी की ओर खींच रहा था।

'आप मेरे लिए यह सब क्यों करना चाहते हैं?'

'मुझे आपमें दिलचस्पी है। मुझे आपकी आत्मा में दिलचस्पी है।'

'वह कब मिल सकती है?'

'एक घंटे के अन्दर।'

और वह एक घंटे के अन्दर कहीं से ढूँढ़-ढूँढ़कर उपस्थित की गई। मैं अवाक् देखता रह गया। 'डॉ. फ़ाउस्ट' की तरह! मैंने चाहा कि वह पहले बोले, लेकिन वह चुपचाप खड़ी रही—मजबूर-सी। मैंने सहसा उसे चूम लिया। वह मुझे ढिठाई-से देखती रही।

क्या उसे ज़बरदस्ती यहाँ लाया गया था? क्या वह किसी की भी हो सकती थी? उस चौथे को क्या उसकी भी आत्मा में दिलचस्पी थी?

दर्पण के सामने बिलकुल नंगी खड़ी होकर वह अपने को ध्यान से देखती रही, पर अपनी नज़रों से नहीं—तीन मुख्य दृष्टियों से, फिर अनेक अजनबी दृष्टियों से। अपने को इस तरह देखना दूसरों को एक खास तरह देखना था। उसने दोनों हाथों से अपने चेहरे को ढँक लिया। केवल दो उँगलियों के बीच से अपने शरीर को देखती रही। इस किंचित् बाधा ने उसे और भी आकर्षक बना दिया। सहसा वह बोली, 'क्या तुम्हें औरत की कहानी मालूम है?'

'कौन-सी कहानी?' मैंने कुछ चकराते हुए पूछा, 'ऐडम ऐंड ईव?'

'नहीं, वह तो कहानी की शुरुआत थी। अगली कहानी बताती हूँ...।' और एक काले स्कार्फ़ में आँखों की जगह दो छेद करके उसने चेहरे पर बाँध लिया। फिर इसी तरह अपनी क़मीज़ में वक्ष की जगह पर दो बड़े छेद करके पहन लिया, अन्त में एक पैंट

में आगे एक छेद करके। धीमी रोशनी में कपड़ों का कालापन छिपने लगा, पर अनावृत्त अंग और साफ़ झलकने लगे। उसने उन्हें लिपस्टिक से लाल रँग दिया।

'क्या मतलब?'

'यह कहानी कहते हुए शर्म आती है, इसलिए अपने को ढँक लिया। जिन हिस्सों को शर्म नहीं आती उन्हें नहीं ढँका। अगली कहानी कुछ इसी तरह होगी...शुरू में स्त्री नंगी थी। क़रीब-क़रीब वह फिर नंगी हो गई है–बिलकुल नंगी हो जाएगी। मगर इतने से भी काम नहीं चलेगा। वह फिर कपड़े पहनना शुरू करेगी और अपने सारे शरीर को ढँक लेगी, सिवा उन अंगों के जिन्हें ढँका रहना चाहिए।...उसके बाद जानते हो क्या होगा?'

'जानता हूँ।' मैंने बेमन से कहा, 'तुम्हारा पति पागल हो जाएगा और तमाम लोगों को इकट्ठा करके मेरा घर घेर लेगा और उसमें आग लगा देगा। हम दोनों जब उसमें से चूहों की तरह निकलकर भागेंगे तब वह मुझे ललकारकर मार डालेगा, या घायल करके छोड़ देगा। तुम्हें भी मारना चाहेगा, लेकिन तुम्हारी ख़ूबसूरती तुम्हें बचा लेगी–कहानियों और कविताओं के लिए...।'

क़मीज़

बाँसों के बने किसी बहुत पुराने कमज़ोर कठघरे को ज़ोर से झकझोरने पर जैसी आवाज़ निकलती है, वैसी ही आवाज़ इस दुनिया से निकलती है अगर इसे उतनी ही ज़ोर से सोचा जाए—और अगर उतनी ही ज़ोर से सोचते रहा जाए तो टूट जाती है!

वीरेश्वर बाबू ने इस बात को किसी से कहा नहीं, न इसका कोई कातर गीत बनाकर मन-ही-मन गुनगुनाया, न अन्दर से रुआँसे हुए। उन्होंने एक दिन इस तथ्य को केवल भरपूर अनुभव किया, और इतनी तीव्रता से अनुभव किया कि वह संसार से बड़ा यथार्थ बन

गया—उन्हें पहले अन्दर से, फिर बाहर से, बिलकुल विरक्त करता हुआ।

चालीस वर्षों की कच्ची उम्र में ही विराग ले लेनेवाले वीरेश्वर को मुहल्ले-भर के तमाम लोग देखने आए। कोई विह्वल था वीरेश्वर बाबू की पत्नी और बच्चों की गृहस्थी की तरफ़ से, तो कोई उनके चेहरे के अडिग संकल्प को देखकर स्तम्भित। एक सत्तर वर्षीय बुज़ुर्ग ने वीरेश्वर की दृढ़ता को टटोला, 'इससे बड़े दुख की बात क्या हो सकती है कि चालीस बरस की उम्र में ही तू वैरागी हो गया?'

'यही दादा कि आप सत्तर वर्षों की आयु में भी वैरागी नहीं हुए।'

बुढ़ऊ चुप हो गए। फिर किसी को बोलने की हिम्मत न पड़ी। अपना सर्वस्व त्यागकर वे हरिद्वार की ओर शेष जीवन चिन्तन-मनन में बिताने चले गए। चालीस वर्ष!...समझदार के लिए चालीस वर्ष भी बहुत हैं—दुनिया को भोगने, समझने और उससे ऊब जाने के लिए। बुद्ध, शंकराचार्य, रामतीर्थ, विवेकानन्द का ध्यान आया। वीरेश्वर बाबू की आँखें छलछला आईं—दुर्बलता के कारण नहीं, अपने विश्वास के लिए दृढ़ सहारा पाकर, कृतज्ञता से।

बढ़े हुए घने काले बाल, चन्दन से ढँका हुआ माथा, पर्वतों पर उगे आदिम जंगलों की तरह बढ़ी दाढ़ी-मूँछें, गेरुआ वस्त्र—नए वीरेश्वर को पहचानना लगभग असम्भव था। वीरेश्वर बाबू सोच रहे थे—

...मनुष्य वास्तव में तो अपनी चेतना में जीता है। इन्द्रियाँ तो केवल माध्यम हैं। अनुभव करनेवाला यथार्थ तो चेतना है, जिसे अभ्यास द्वारा इस सीमा तक भी परिष्कृत और पैना बना लिया जा सकता है कि वह अनुभवों को सीधे, यानी इन्द्रियों का अतिक्रमण करके भी, ग्रहण कर सके। बुद्ध, शंकराचार्य आदि ने अवश्य अभ्यास तथा संयम द्वारा इसी सूक्ष्म चेतना का विकास

किया होगा। उनके लिए फिर इन्द्रियों का जीवन जीना अनावश्यक हो गया। शरीर भोगे या न भोगे, असली भोक्ता तो मन...।

'आप ही वीरेश्वर बाबू हैं?' कोठरी के दरवाज़े से एक अपरिचित आवाज़ ने पूछा।

'कभी था...।'

'क्या मतलब?'

'अब ब्रह्मानन्द हूँ।'

'आपने अपना नाम बदल लिया है?'

'मैंने अपने-आपको बदल लिया है।'

'मुझे इससे कोई मतलब नहीं। लेकिन अगर आपने अपना नाम बदल लिया हैं तो आपको इसकी बाक़ायदा इत्तला सरकारी तौर पर देनी चाहिए थी।'

'मैं अब ईश्वर के अतिरिक्त और किसी सरकार को नहीं मानता। जिसने संसार ही त्याग दिया, उसे सरकारों से क्या मतलब?'

'आपका ख़याल ग़लत है। सरकार को त्याग देना उतना आसान नहीं जितना संसार त्याग देना। आप अगर संसार में रह रहे हैं तो सरकार में रह रहे हैं। संसार को अपनी मर्ज़ी से त्याग सकते हैं, लेकिन सरकार को बिना सरकार की मर्ज़ी के नहीं त्याग सकते...।

'बहरहाल, इस बहस के लिए मैं आपके पास नहीं आया हूँ। चन्द तहक़ीक़ात के सिलसिले में आया हूँ।'

'कैसी तहक़ीक़ात?'

'एक हत्या की बाबत कुछ पूछताछ है।'

'हत्या? मुझसे हत्या का क्या सम्बन्ध?'

'बस, यही पता लगाना है।' कहकर आगन्तुक ने हैंडबैग से एक छोटा-सा बंडल निकालकर खोलना शुरू किया। अपना परिचय देते हुए बोला, 'मैं स्थानीय थाने से आया हूँ।' एक क़मीज़, जिस पर ख़ून के कुछ दाग़ थे, दिखाते हुए बोला, 'यह क़मीज़ आपकी है?' क़मीज़ को ध्यान से देखते हुए वीरेश्वर बाबू ने पहचाना–

'कभी थी...।'

'देखिए जनाब, ये थी-वी से काम नहीं चलेगा। तमाशा ख़त्म

कीजिए और होश में आइए। मैं आपसे सीधे सवाल का सीधा जवाब चाहता हूँ—रूहानी जवाब नहीं!'

वीरेश्वर बाबू ने स्वीकार किया कि वह क़मीज़ उनकी थी अवश्य लेकिन याद नहीं उसका क्या हुआ था।

'याद कीजिए...ज़रूरी है।'

वीरेश्वर बाबू ने इतने एकाग्र मन से अब तक ईश्वर को भी नहीं सोचा था जितना इस समय क़मीज़ को सोच रहे थे।

'शायद...।'

'शायद...?'

'निश्चित कुछ याद नहीं आ रहा। बहुत-सी चीज़ें थीं, बहुत-से लोग थे, और मेरा मन उस समय न चीज़ों में था, न लोगों में—केवल मेरे नए निश्चय में था।'

'यह आपके लिए बहुत बुरा साबित हो सकता है। सोचने की कोशिश कीजिएगा। इस समय तो जा रहा हूँ, कल फिर आऊँगा।' जाते-जाते दरवाज़े पर रुककर अन्तिम आदेश दिया, 'आप कृपया यह जगह छोड़कर कहीं और बिना थाने को सूचित किए न जाएँ।' और एक सरकारी नोटिस देकर वह आदमी चला गया।

दूसरे दिन आकर वह आदमी बोला, 'आपको थाने तक चलना होगा।'

'क्यों?'

'मैं नहीं जानता। वहाँ चलने पर मालूम होगा।'

'लेकिन यह तो मेरा पूजा का समय...।'

'बाद में।'

हताश, वीरेश्वर बाबू को जाना पड़ा।

'देखिए थानेदार साहब, मैं संसार त्याग चुका हूँ...कपड़े-लत्ते ही नहीं, घरबार, बीवी-बच्चे तक। मैं नहीं जानता यह अभागी क़मीज़ क्यों मेरे पीछे पड़ी है?'

'यह मेरे भी वश की बात नहीं। मुआमला कुछ ऐसा फँस गया है कि मैं आपसे पूछताछ करने के लिए मजबूर हूँ। मैं तो

खुद नहीं चाहता कि कोई शरीफ़ आदमी परेशान हो। लेकिन मैं क्या करूँ...मैं तो महज़ सरकारी हुक्म का अदना ताबेदार हूँ...।'

'हे ईश्वर! यह मैं कहाँ के वबाल में फँस गया?'

थानेदार साहब ने इत्मीनान से सवालात फिर एक ताज़ा सिलसिले से शुरू किए...गोया कि उन्हें कोई जल्दी नहीं, न यह उम्मीद की जाती है कि किसी और को उनसे बात करते समय जल्दी होनी चाहिए...।

'तो आप मंज़ूर करते हैं कि यह क़मीज़, जिस पर ख़ून के निशानात पाए गए हैं, आप ही की है?'

'जी हाँ, पर...।'

'आप मेहरबानी करके उतने ही सवाल का जवाब दें जितना पूछा जाए।' थानेदार साहब कुछ कड़ाई से बोले, 'यह क़मीज़ आपके पास कब तक थी?'

'घर छोड़ने तक।'

'आपने घर कब छोड़ा?'

'क़रीब महीना-भर पहले।'

'क्यों?'

'मुझे दुख है कि इस सवाल का जवाब जिस भाषा में दे सकना सम्भव है वह आपके कांस्टेबिल की ही तरह आपकी क़ानूनी समझ के भी बाहर की चीज़ होगी।'

थानेदार साहब ने कुर्सी पर ही एक करवट बदली और कनखियों से चबूतरे पर बैठे कांस्टेबिल की ओर देखा जो सिल पर लोढ़े की तरह धरा हुआ था। कुछ तनकर धमकाती हुई-सी आवाज़ में वीरेश्वर बाबू से बोले, 'यानी आप इस सवाल का जवाब देने से इनकार करते हैं?'

'जी नहीं, आपकी क़ानूनी समझ के सामने अपने को असमर्थ पाता हूँ।'

'इस हालत में अगर यह समझा जाए कि आप इस हत्या के शक से बचने के लिए ही घर छोड़कर साधु बन गए तो?'

'तो मैं कहूँगा कि यह सरासर झूठ है।'

'क्या आप यह साबित कर सकते हैं कि यह झूठ है? आपने

घर भगवान के लिए छोड़ा, हत्या को छिपाने के लिए नहीं?'

'हत्या...हत्या...हत्या...! आप लोग बार-बार यह घिनौना शब्द क्यों मेरे ऊपर फेंक रहे हैं? मैं हत्यारा नहीं हूँ...नहीं हूँ। मैं आपकी दुनिया से दूर रहकर शान्ति चाहता हूँ। क्या यह समझ पाना आपके लिए बहुत मुश्किल साबित हो रहा है?' वीरेश्वर बाबू आवेश में लगभग चीख़ रहे थे, 'आप सब क्यों मेरे पीछे हाथ धोकर पड़े हैं? ईश्वर के लिए मुझ पर दया कीजिए और मुझे अकेला छोड़ दीजिए। मुझे आपसे कुछ नहीं चाहिए। मैं आपको कुछ नहीं दे सकता। मैं दुनिया के लिए समाप्त हो चुका हूँ। मैं आपके शक, तजुर्बों, तर्कों से नहीं लड़ सकता। मैं सब-कुछ छोड़ चुका हूँ हमेशा के लिए, मेहरबानी करके मेरी साधना मुझसे न छीनिए...।'

थानेदार साहब अवाक् वीरेश्वर बाबू को ऐसे देख रहे थे मानो किसी पागल को देख रहे हों—जिसकी बात के माने समझना क़तई ज़रूरी नहीं। उनके कन्धे पर हाथ रखकर उन्हें शान्त कराते हुए थानेदार साहब बोले, 'धीरज रखिए, इस तरह की बातों से काम कैसे चलेगा! आप अपना केस और ख़राब कर लेंगे। हो सकता है कि आप बेगुनाह हों, लेकिन जब तक यह साबित नहीं हो जाता...।'

'साबित? मैं आपसे पूछता हूँ थानेदार साहब—और आपकी ही तरह सवाल करनेवाले हर अफ़सर से पूछता हूँ—एक इंसान की हैसियत से—क्या आप सचमुच यह समझते हैं कि मैं हत्यारा हूँ?'

'क़ानून विश्वास पर नहीं चलता, सबूत पर चलता है। मुझे नहीं, यह फ़ाइल जो मेरे हाथ में है उसे विश्वास होना चाहिए कि आप बेगुनाह हैं। क़ानून अगर विश्वास पर चले तो जेलें ख़ाली होंगी। इंसान की हैसियत से राय देने के लिए मैं यहाँ नहीं बैठाया गया हूँ—मेरे लिए क़ानूनन चलना लाज़िमी है। अन्दर से अगर यह महसूस भी करूँ कि आप बेगुनाह हैं, तब भी बिना ठोस सबूत के कुछ नहीं कर सकता...।'

'अन्दर से अगर आप यह महसूस करते हैं कि मैं हत्यारा नहीं हूँ तो आप ज़ोर देकर यही उस फ़ाइल पर क्यों नहीं लिख देते?'

'ऐसा लिख भी दूँ तो इस बेसहारा बात का असर क्या होगा?

सरकार में मैं ही तो सब कुछ नहीं हूँ। दूसरे लोग भी हैं जो फ़ाइल की छानबीन करेंगे। एक बेबुनियाद बात लिखकर तो मैं अपने लिए भी ख़तरा पैदा कर ले सकता हूँ। अदालत में जब सवाल-जवाब होगा तब आपकी तरह मैं तो आध्यात्मिक जवाब नहीं दे सकता कि वीरेश्वर बाबू बेगुनाह हैं क्योंकि मेरी आत्मा कहती है कि वे बेगुनाह हैं!—आप तो वैरागी आदमी, आपकी तो आत्मा की बात भी शायद एक बार मान ली जाए। मुझ थानेदार की ओर से भला कौन क़सम खाने को तैयार होगा कि मुझमें आत्मा है भी!'

वीरेश्वर बाबू कुछ और कहना चाह रहे थे, तभी थानेदार ने टोककर कहा, 'मुझे यक़ीन है कि आप छूट ज़रूर जाएँगे—लेकिन कुछ वक़्त लग सकता है। मुझे यह कहते हुए तकलीफ़ हो रही है कि उतने वक़्त के लिए आपको आश्रम छोड़कर अपने शहर वापस चलना पड़ेगा। ऐसा ही सरकारी हुक्म है। कुछ पूछताछ...।'

'अभी बाक़ी है!' वीरेश्वर बाबू ने वाक्य पूरा किया।

घर छोड़ते समय वीरेश्वर बाबू ने जिन नज़रों से दुनिया को देखा था, आज दुनिया उन्हें उससे कहीं अधिक तुच्छ नज़रों से देख रही थी। बात उड़ी कि वीरेश्वर बाबू किसी हत्या के सिलसिले में गिरफ़्तार करके वापस लाए गए हैं और उड़ते-उड़ते इस पुष्टता को प्राप्त हुई कि वे हत्यारे हैं। हर एक की निगाह में घृणा-मिश्रित दूरी और धिक्कार था। हर एक के लिए वे न केवल एक ख़तरनाक हत्यारे थे, बल्कि संन्यास और अध्यात्म जैसे पवित्र मूल्यों को दूषित करनेवाले मक्कार और दुष्टात्मा भी—जो बहुतों की दृष्टि से हत्या से भी बड़ा पाप था। अपना पाप छिपाने के लिए उन्होंने कितने बड़े सत्य को ओढ़कर मैला कर दिया था! उन्हें तो नरक में भी जगह नहीं मिलनी चाहिए।

वीरेश्वर बाबू ने कातर होकर अपनी पत्नी कुमुद से पूछा, 'तो क्या तुम भी यही समझती हो कि मैं हत्यारा हूँ?'

'मैं नहीं समझ पा रही हूँ कि मैं क्या समझूँ...तुम और हत्या? हे ईश्वर, यह सन्देह भी असह्य है...तुम्हारा वियोग सह लिया एक दिन, आज यह मिलना नहीं सहा जा रहा...।' कुमुद बिलख उठी।

वीरेश्वर बाबू ने अपने दोनों हाथों से मुँह ढँक लिया। ऐसा लग रहा था मानो ईश्वर तक को उनके बेगुनाह होने में सन्देह हो!

वीरेश्वर बाबू सोच रहे थे—दुनिया जो चाहे समझे, मैं उसे छोड़ चुका हूँ। ईश्वर के सामने जो निर्दोष हो उसके लिए दुनिया की बेसमझ रायों का क्या मूल्य? सचाई की परवाह करने के लिए तो सिर्फ़ व्यक्ति मजबूर है—व्यक्तियों का काम तो नारों और अफ़वाहों से चलता है। सचाई खोजने के लिए जिस धैर्य और संयम की ज़रूरत है वह भीड़ में कहाँ? वीरेश्वर बाबू को याद आया—कहीं पढ़ा था—'लोगों की राय वह राक्षस है, जिसका सिर तो गधे का है, धड़ वनमानुष का और दुम बिच्छू की!' वे इस प्रपंची संसार से ऊपर उठ चुके हैं—या उठ जाना चाहते हैं?...एक अजीब बेचैनी अनुभव की। अधूरी साधना के बीच में ही इतना बड़ा विघ्न। वीरेश्वर बाबू की आत्मा छटपटाकर रह गई। अपने को सँभालने की बहुत कोशिश करते। भीतर एक तूफ़ान उठा हुआ था। तूफ़ान से लड़कर उसे रोक कौन सकता है? शक्ति-भर उसे सह ही सकता है—और उन्हें अकसर ऐसा लगता कि उनकी शक्ति कहीं धोखा न दे जाए और वे बीच मझधार में ही...।

भले आदमी की आत्मशक्ति को जो चीज़ सबसे आसानी से तोड़ देती है वह है उसकी सद्भावना पर आघात। वह कष्टों, अभावों और अकेलेपन में जी सकता है लेकिन इस विपर्यय में नहीं जी सकता कि दुनिया उसे धोखेबाज़ समझे—चाहे वह दुनिया की जितनी भी कम परवाह करे। वह ईमानदारी से जो है उसके लिए बड़ी-से-बड़ी सज़ा भुगत जाने में गौरव अनुभव करेगा, लेकिन एक झूठ के लिए शहीद होना! इससे बड़ी ट्रेजेडी उसके लिए और क्या हो सकती है?

वीरेश्वर बाबू सवेरे से थाने के बरामदे में स्टूल पर बैठे थे। सूरज सिर पर चढ़ आया था। कड़ी गर्मी। भूख-प्यास बुरी तरह सता रही थी। किसी से पानी माँगने जा ही रहे थे कि अन्दर से बुलावा आया।

छोटा-सा कमरा था : अँधेरा-अँधेरा—या शायद रोशनी से एकदम कमरे में आने के कारण ऐसा लग रहा था। अँधेरे का कुछ अभ्यस्त होते ही उन्होंने देखा कि एक मेज़ के पीछे कोई नए थानेदार साहब बैठे थे, और उनके पास दो सिपाही खड़े थे। पास ही एक मुंशी बैठा कुछ लिख रहा था। बिना वीरेश्वर बाबू की ओर ध्यान दिए थानेदार कुछ काग़ज़ों का मुआयना करते रहे। कुछ देर बाद सिर उठाकर उन्होंने वीरेश्वर बाबू की ओर देखा और कांस्टेबिल को कुछ इशारा किया। वह अन्दर से एक पच्चीस-छब्बीस साल के लड़के को लेकर लौटा। लड़के के चलने के ढंग से लग रहा था कि वह अब गिरा, तब गिरा। उसके नाक के पास थोड़ा ख़ून जमा हुआ था।

'आप इस आदमी को जानते हैं?'

'जी नहीं।'

'ध्यान से देखकर जवाब दीजिए। आपके जवाब की आपके लिए बहुत बड़ी अहमियत हो सकती है। क्या आप इस आदमी को जानते हैं?'

'मैं इस आदमी को नहीं जानता।' थानेदार साहब के पासवाली खिड़की से आती हुई रोशनी से वीरेश्वर बाबू की आँखें चौंधिया रही थीं।

'हूँ!' कहकर थानेदार चुप हो गया। कुछ देर बाद कहा, 'अच्छा, अब आप जा सकते हैं। आपको नौ बजे फिर हाज़िर होना है।'

'क्यों?'

'आने पर मालूम हो जाएगा।'

लेकिन दूसरे दिन शाम तक प्रतीक्षा के बाद भी थानेदार से भेंट न हो सकी। वह किसी नए मामले में बेहद व्यस्त था। तीसरे दिन वीरेश्वर बाबू को लेकर थानेदार डी.एस.पी. के दफ़्तर में पहुँचा।

'यही वह आदमी है जो साधू बन गया है?' डी.एस.पी. ने लापरवाही से पूछा। वीरेश्वर बाबू को लगा, उनके मुँह पर अचानक

एक ज़बरदस्त तमाचा पड़ा और वे बिलबिलाकर रह गए।

'अपना नाम भी वीरेश्वर नहीं, ब्रह्मानन्द बताता है।' थानेदार ने आगे समझाया।

'लेकिन यह शख़्स इतना तो क़बूल करता है कि क़मीज़ इसी की है?'

'जी हाँ।'

'शख़्स', 'क़बूल'—अजीब-अजीब शब्द। अजीब-अजीब मानी। जुर्म और सज़ा की बेमुरव्वत दुनिया के ये बेलौस कट्टर शब्द—लोहे की तरह कठोर—जिन्हें मानो सन्देह से तपा-तपाकर वीरेश्वर बाबू की बच्चे-सी भोली तिलमिलाती आत्मा पर दाग़ा जा रहा था।

'देखो, यह तुम्हारे फ़ायदे में होगा कि तुम पुलिस के सामने सचाई से पेश आओ। यह मत समझो कि तुम हमें धोखा दे सकते हो। सचाई क़बूल करवा लेने के हमें बहुत-से तरीक़े मालूम हैं। हम देखकर पहचान लेते हैं कि कौन मुजरिम कितने गहरे पानी में है।'

सचाई!!—कितनी नाजुक चीज़ है। कितनी बारीक! कितनी छलपूर्ण! जो न काली है, न सफ़ेद। जो न आश्वस्त करती है, न प्रोत्साहित, न शर्मिन्दा। जो केवल मुक्त करती है। जो तटस्थ है। जो किसी की तरफ़ नहीं है। और यह आदमी कितनी आसानी से सचाई का दम भर रहा है! जिसके लिए सचाई यातना देकर क़बूलवाई हुई कोई घिनौनी, अपराधी चीज़-भर है! यह आदमी सचाई का नाम क्यों ले रहा है? या मैं बार-बार ग़लत सुन रहा हूँ?—यह कुछ और कह रहा है जिसके मानी सचाई नहीं, केवल यह होते हैं कि मैं अपराधी हूँ!

'डी.एस.पी. साहब जानना चाहते हैं कि तुम्हें अपनी सफ़ाई में क्या कहना है?' थानेदार ने वीरेश्वर बाबू को चुप देखकर ऊँची आवाज़ में कहा।

सफ़ाई?—एक और गन्दा शब्द! वीरेश्वर बाबू ने उन दोनों को ऐसे देखा मानो दो ख़ूँख़्वार पागलों को देख रहे हों। सहसा उन्होंने अपने अन्दर एक अजीब थकान अनुभव की—मानो वह जो सब-कुछ उनके सामने था किसी स्वप्न की तरह अयथार्थ

था। उनकी बुद्धि उससे कोई मतलब नहीं निकाल पा रही थी, न उससे छूट पा रही थी। वे सब किसी दूसरी दुनिया के लोग थे जो एक ऐसी उलटी-पुलटी भाषा बोल रहे थे जिसे सुलझाने की सामर्थ्य उनमें क्या, उनकी दुनिया की किसी भी सचाई में नहीं थी।

घर लौटने पर वीरेश्वर बाबू को लगा कि उन्हें हलका-सा बुख़ार है। गला बुरी तरह सूख रहा था। ज़बान पर फीकी कड़वाहट थी। बिना खाना खाए वे बरामदे में पड़े तख़्त पर लेट गए और लेटे-लेटें उस अपने में व्यस्त शाम को देखते रहे जो धीरे-धीरे अँधेरे में बदलती जा रही थी। दुनिया, जैसे मोम का खिलौना गलकर आकारहीन होती जा रही हो। अनजाने ही उनकी आँखों से आँसू की एक धार निकलकर कानों तक रेंग आई थी। होश लौटा कि वे देर से रो रहे हैं।

इसी समय कुमुद पड़ोस से लौटी। देखा, वीरेश्वर बाबू तख़्त पर औंधे मुँह लेटे थे। चुपचाप जाकर सिरहाने बैठ गई। बाहर अँधेरा बढ़ रहा था। वीरेश्वर ने करवट ली। कुमुद को अजनबी की तरह देखते रहे, फिर मानो पहचानकर पूछा, 'क्यों कुमुद, क्या तुझे भी मुझ पर सन्देह है?'

'हे ईश्वर! यह तुम क्या सोच रहे हो? भगवान के लिए ऐसा मत कहो...।'

भगवान! भगवान भी क्या अन्य शब्दों की तरह कोई नए अर्थों वाला शब्द तो नहीं बन गया? क्या मेरे भगवान, कुमुद के भगवान, थानेदार के भगवान, सरकारी भगवान जिनके नाम पर अदालत में क़समें खाई जाती हैं...अलग-अलग 'सचाइयाँ' नहीं?

वीरेश्वर बाबू को उम्मीद थी कि उसके सम्बन्धियों, दोस्तों आदि में से जो उसे अच्छी तरह जानते थे, आगे आएँगे और दृढ़तापूर्वक उसके पक्ष में सफ़ाई देंगे। लेकिन पुलिस के मामले में कोई अपनी गरदन फँसवाने को तैयार न था। लोगों के मन में शायद यह दबा हुआ सन्देह भी था कि आदमी के अन्दर की

बात कौन जाने...हो सकता है दाल में कुछ काला हो ही! जब पुलिस ने बात उठाई है तो बिना सबूत के थोड़े ही इल्ज़ाम लगा रही होगी? वीरेश्वर बाबू ने सब समझा...अपना माथा ठोंककर रह गए। कुमुद हर तरह तैयार थी...लेकिन उसके कहने का मूल्य ही कितना था?

वीरेश्वर ने सोचा कि वे एस.पी. से मिलकर सारी बात स्पष्ट करें। सुना था, एस.पी. भला और समझदार आदमी है, उनकी बात ज़रूर सहानुभूतिपूर्ण ढंग से सुनेगा। सवेरे ही बँगले पर पहुँचे, लेकिन मालूम हुआ कि एस.पी. साहब बाहर गए हुए हैं, पाँच-छह दिन बाद लौटेंगे।

इस बीच वीरेश्वर बाबू को लगभग रोज़ ही थाने पर हाज़िरी देनी पड़ती। वही थकानेवाले अदालती सवाल, और वही थके-माँदे जवाब। वीरेश्वर बाबू ने अनुभव किया कि इस विभीषिका को और अधिक सहन करने की शक्ति अब उनमें नहीं, क्योंकि एक दिन उन्हें ऐसा लगा कि अपराधी न होते हुए भी वे, पुलिस जैसा चाहे बिलकुल वैसा ही अपराध स्वीकार कर लेंगे! दुविधा और सन्देह को समाप्त करने के लिए अपने ही को समाप्त कर लेंगे! यह भयानक कुस्वप्न असह्य हो चला था और प्रतिदिन उनकी इच्छा-शक्ति पर हावी होता जा रहा था। लोगों ने वकील रखने की सलाह दी, लेकिन वीरेश्वर बाबू ने पहले एस.पी. से मिल लेना जरूरी समझा। क्या ज़रूरी है, क्या ठीक है...इस बारे में हर एक की राय अलग होती थी, जिसकी ग़लत होने की सारी ज़िम्मेदारी वीरेश्वर बाबू पर होती, क्योंकि अभागा आदमी मुश्किल से कभी सही होते पाया गया है! उसके लिए अच्छा यही माना जाता है कि वह अपनी ज़िद न करके सबकी राय माने; क्योंकि सबकी राय कभी ग़लत नहीं हो सकती!

'एस.पी. साहब, मैं इस विभीषिका में नहीं जी सकता। मैं निर्दोष हूँ। निर्दोष की ही तरह जी सकता हूँ। उस पाप में ज़बरदस्ती नहीं घसीटा जाना चाहता जिससे मैं बिलकुल अलग हूँ। मैं क्या करूँ?'

'धीरज रखिए वीरेश्वर बाबू, सब ठीक हो जाएगा।' एस.पी.

ने सांत्वना देते हुए कहा, 'हिम्मत से काम लीजिए। यह कौन कहता है कि आपने हत्या क़ी ही है? पुलिस तो सिर्फ़ तहक़ीक़ात कर रही है, जो उसका काम है। फ़ैसला तो अदालत करेगी।'

एक दुर्निवार विपत्ति-स्वप्न, जिसकी भयानक असहायता में बुरी तरह जकड़ी हुई चेतना, किसी निरापद सवेरे में जागने के लिए छटपटाती है पर नींद नहीं खुलती। यह सब भ्रम है। सब मिथ्या है। मैं केवल सो रहा हूँ और स्वप्न में हूँ। अभी जाग जाऊँगा। ज़रूर जाग जाऊँगा। फाँसी का झटका लगते ही जाग जाऊँगा...मरूँगा नहीं। यह सारी बीभत्सता हवा में धुएँ की तरह छिन्न-भिन्न हो जाएगी, और वह जिसमें मैं जागूँगा यथार्थ होगा—निरापद, वत्सल, स्पष्ट सवेरा! ये सब लोग जो हब्शियों की तरह मुझ कमज़ोर बेगुनाह की हत्या करने पर तुले हुए हैं और किसी आदिम बर्बर उत्सव से मिलती-जुलती ख़ुशी मना रहे हैं, मेरे स्वप्न के मिटते ही मिट जाएँगे। ये मुझे मार भी डालें तो मैं मरूँगा नहीं, केवल जाग जाऊँगा। ये लोग समाप्त हो जाएँगे, और मैं बिना पीड़ित हुए इस दुःस्वप्न के पूर्व की किसी परिचित शान्ति से फिर जुड़ जाऊँगा!

आँख खुली तो वीरेश्वर बाबू ने देखा कि वे पसीने से लथपथ हो गए हैं। कुमुद सिरहाने बैठी उनके माथे का पसीना पोंछ रही थी, शायद वे नींद में चिल्ला पड़े थे। चारों ओर अभी भी गहरा अँधेरा था। उन्होंने सोचा कि वे ठीक से सोए नहीं थे। उनके अन्तर्मन में एक असहाय भय चेतना के विभिन्न स्तरों पर डूब-उतरा रहा था। उन्होंने करवट बदलकर फिर सोने की कोशिश की।

वीरेश्वर बाबू स्वप्न देख रहे थे—एक नितान्त अकेली और अनजान जगह में वे बन्द हैं। या शायद, इस तरह स्वतन्त्र हैं जैसे जेल में बन्दी हुआ करते हैं! धीरे-धीरे अँधेरा उनके चारों तरफ़ सिमटकर जमने लगता है और एक विराट, काले मशीननुमा राक्षस में बदल जाता है। उस मशीन में अगणित कल-पुर्जे, पेंच आदि

हैं। ध्यान से देखने पर उन्हें लगा कि हर पेंच एक आदमी है। इतने में वहाँ न जाने कहाँ से एक लाश आती है जो पूरी तरह कफ़न से ढँकी है और कफ़न के ऊपर ख़ून का एक बड़ा-सा धब्बा अन्दर के ताज़े घाव से खिंच आया है। वह लाश एक हाथ उठाकर वीरेश्वर बाबू की ओर इशारा करती है, और वह मशीन उनको खाने के लिए दौड़ पड़ती है। वे भागते हैं लेकिन आगे नहीं बढ़ पाते। लगता है उनके पाँव किसी अदृश्य जाल में फँसे हैं और वे जाल-समेत भागने की कोशिश कर रहे हैं। मशीन के हज़ारों पेंच ठठाकर हँसते हैं। वीरेश्वर बाबू महसूस करते हैं कि मशीन के बाहर नहीं, मशीन के ही लम्बे-लम्बे हाथों, पाँवों, कानों, मुँह में भाग रहे हैं। मुँह बन्द होने लगता है। उनका दम बुरी तरह घुटने लगता है। वे तड़पकर उठ बैठते हैं।

'क्या बात है?...क्या बात है?' कुमुद की आवाज़ में स्नेह और घबराहट थी।

'कुछ नहीं। सब ठीक हो जाएगा। क्या बजा है?'

'लगभग तीन।'

'जाओ, सो रहो। रात-भर जागी हो। तुम्हें परेशान किया। मैं ठीक हूँ।'

दूसरे दिन थानेदार का आदमी आकर वीरेश्वर बाबू को एक और शिनाख़्त के सिलसिले में ले गया। एक ख़ून और हुआ था जिसका सम्बन्ध भी पहली हत्या से मालूम पड़ता था। एक कमरे में कई अपरिचित लोग बैठे थे। वहाँ कुछ देर रुककर वीरेश्वर के लिए किसी दूसरे कमरे से बुलावा आया। एक लम्बे गलियारे से होता हुआ वह एक मेज़ के पीछे बैठी औरत के सामने लाया गया। सिपाही ने उस औरत से कुछ बात की। औरत ने अपने दाहिने एक गलियारे की ओर इशारा किया। गलियारे में हलका मरीज़ी प्रकाश था और किसी दवा की पैनी गंध। जिस कमरे में वीरेश्वर बाबू लाए गए वहाँ पहले ही से पाँच-छह आदमी मौजूद थे। उन्हीं में डी.एस.पी. और एक सफ़ेदपोश आदमी, जो डॉक्टर

मालूम होता था, भी थे। वीरेश्वर के साथ कुछ सीढ़ियाँ उतरकर वे लोग एक निचले कमरे में पहुँचे।

ट्रॉली पर एक लाश ढँकी हुई रखी थी। वीरेश्वर बाबू सहम गए। लाश के मुँह से कपड़ा हटाते हुए डी.एस.पी. ने पूछा, 'इस आदमी को पहचानते हैं आप?'

'नहीं, बिलकुल नहीं!' वीरेश्वर बाबू का जी मचला रहा था, 'हरगिज़ नहीं...मुझे यहाँ से जल्दी बाहर ले चलो...बाहर...!' उन्हें चक्कर आ गया। पास खड़े सिपाही ने उन्हें सँभाला।

वीरेश्वर बाबू अब बुरी तरह टूट चुके थे। उनके आत्मबल ने बिलकुल जवाब दे दिया था। उनसे अधिक निराश आदमी उस समय मिलना कठिन था। एक हफ़्ते तक थाने से कोई बुलावा नहीं आया। वीरेश्वर बाबू न अपने कमरे से बाहर निकलते, न किसी से मिलते ही। कुमुद ने वकील के लिए फिर कहा, पर वीरेश्वर बाबू ने इनकार कर दिया, 'ईश्वर मेरा वकील है, मुझे इंसान की वकालत में विश्वास नहीं।'

हफ़्ते-भर बाद फिर एक दिन थाने से सिपाही आया।

'वीरेश्वर बाबू हैं?'

'हैं क्यों नहीं? कहाँ जाएँगे?' कुमुद ने रुआँसा जवाब दिया।

'बुलाइए उन्हें।' सधी हुई व्यावहारिकता से वह बोला।

'क्यों? क्या बात है?' कुमुद सशंक हुई।

सिपाही कुछ रुका, फिर उसने संक्षेप में बताया, 'असली हत्यारा पकड़ा गया है...वीरेश्वर बाबू का नौकर। क़मीज़ या तो वह चुरा ले गया होगा या वीरेश्वर बाबू ने दी होगी। उसने अपना जुर्म क़बूल कर लिया है। वीरेश्वर बाबू अब शक से बरी हैं।'

मारे खुशी के कुमुद उछल पड़ी। वीरेश्वर बाबू के कमरे की तरफ़ लपकी। कमरा अन्दर से बन्द था। आवाज़ लगाई। कोई उत्तर नहीं। तब तक सिपाही भी वहाँ पहुँच गया। दरवाज़ा तोड़ने के अलावा और कोई रास्ता न था।

वीरेश्वर बाबू एक कोने में गुमसुम बैठे थे। कुमुद को इस

तरह देखा मानो पहचाना नहीं, कभी नहीं पहचानते थे। उसके चेहरे को देख रहे थे, या उसके चेहरे के पार, कह सकना कठिन था। कुमुद ने बात दोहराई, 'सुना तुम छूट गए...! तुमने हत्या नहीं की...।'

'कौन कहता है, मैंने हत्या नहीं की?'

'वही जो कहते थे कि तुमने हत्या की है।'

'वे तब भी ग़लत थे, और अब भी ग़लत हैं।'

'क्या...?' कुमुद को सहसा अपने कानों पर विश्वास नहीं हुआ। वह क्या सुन रही है? इनकी तबीयत तो ठीक है न? वीरेश्वर बाबू कहते रहे, मानो कुमुद से नहीं, किसी और से, और ख़ुद नहीं ख़ुद द्वारा–

'मैंने हत्या की है...सारे संसार की हत्या की है...!'

कुमुद ने सिपाही को और सिपाही ने कुमुद को न जाने क्या समझ पाने के लिए देखा।

'अब कुछ नहीं बचा...'मैं' भी नहीं...'मैं' ने उस सबको ख़त्म कर दिया जो मुझे ख़त्म करना चाहता था...यह संसार केवल एक सड़ती हुई लाश है...इससे नहीं, सिर्फ़ इसकी दुर्गंध से बचना है...।'

'हे ईश्वर...!' कुमुद घबराकर चिल्लाई।

'ईश्वर, इंसान, जानवर, पेड़-पौधे सब एक हैं। सबके लिए एक ही सज़ा है–मौत। सबका एक ही जुर्म है–ज़िन्दगी। सबकी एक ही क़ैद है–दुनिया...मैं, सिर्फ़ 'मैं' इस कठघरे के बाहर, पता नहीं आ गया हूँ या जा रहा हूँ...।'

'इन्हें क्या हो गया, थानेदार साहब? कुछ करिए!'

'कुछ नहीं कर सकता,' सिपाही बोला, 'यह केस अब थाने की हद के बाहर है। डॉक्टर बुलाइए, या फिर इन्हें भगवान पर छोड़ दीजिए...।'

अचला और अचल

एक थी लड़की, अचला। एक था लड़का, अचल। उन दोनों के 'होने' ने एक दिन एक रात नई परिस्थिति को जन्म दिया। अचला ने अचल से कहा कि वह उससे प्रेम करती है। यही बात अगर सीधे नहीं घुमा-फिराकर होती तो यही बात कहानी की तरह कई रोचक स्थलों से घूमती-फिरती शायद विवाह पर जाकर समाप्त...मगर ऐसा नहीं हुआ...।

अचल सोचने लगा।...सोचने लगा कि वह क्या कहे? अचला की बात पर सन्देह करना कोई मानी नहीं रखता था, उसकी बात पर विश्वास कर लेने के

बाद की सम्भावनाओं को विचारना था। वे पेचीदा थीं। कई बातें उत्साहवर्धक थीं। हतोत्साह करनेवाली भी एक बात थी—लेकिन उसकी चर्चा अभी नहीं। फ़िलहाल अचल के सामने जो प्रस्ताव रख दिया गया था उसके सारे भविष्य को दो मिनट के अन्दर समझकर कोई ऐसा उत्तर देना था जो किसी मनमाने उत्तर का रूप न ले ले!

अचल ने सोचने के लिए मुस्कराहट के बहाने थोड़ा और समय लेना चाहा, लेकिन उसकी मुस्कराहट ज़रूर कोई अजीब-सी चीज़ रही होगी जिसने अचला की आँखों में आश्वासन के बजाय परेशानी भर दी। सहारे के लिए उसने समीप झुकी गुलमुहर की एक खिली टहनी तोड़ ली और उसे सूँघने के लिए नाक तक ले ही जा रहा था कि ध्यान आया, गुलमुहर में केवल रंग होता है, सुगंध नहीं। नाहक कुछ फूल नष्ट हो गए, समस्या वैसी ही बनी रही। इतना ज़रूर हुआ कि इस उपक्रम से दोनों का ध्यान थोड़ी देर के लिए फूलों की दिशा में भटक गया।

अचल सोच रहा था कि इस समय वह केवल अठारह-उन्नीस वर्षों का ही क्यों न हुआ...होता तो समस्या आसान होती। प्रेम जैसी मीठी बात की थाह लेना ज़रूरी ही न होता। सिर के बल कूद पड़ता, बाद में देखा जाता—चाहे सिर फूटता, चाहे रीढ़ टूटती, उस समय तो समस्या हल हो ही जाती!

अचल मन-ही-मन हिसाब लगा रहा था—

अचला उसे पसन्द थी, लगभग चालीस फ़ीसदी। इससे ज़्यादा किसी स्त्री को पसन्द किया जा सकता है, इसका अचल को अब तक कोई अनुभव न था। इससे ज़्यादा वह अचला को भी प्यार नहीं करता, क्योंकि इससे ज़्यादा वह अपनी ज़िन्दगी को प्यार देने को तैयार नहीं। इतना वह परिस्थिति के सारे रोमांस के बावजूद भी समझ रहा था। अचला शायद केवल चालीस फ़ीसदी प्यार पाने की बात सुनकर सन्तुष्ट न हो—अपना सौ फ़ीसदी प्यार देकर। वास्तविकता चाहे जो भी हो। मुमकिन है, वह खुद भी चालीस फ़ीसदी से अधिक प्यार न दे पाए, लेकिन तत्काल वह सन्तुष्ट तभी हो सकती थी जब अचल वादा सौ फ़ीसदी का करे, चाहे

दे चालीस फ़ीसदी से कम ही। अचल समझ रहा था कि जितनी ईमानदारी से वह कहने और करने के बीच हिसाब लगा रहा था, प्रेम के मामले में वह सरासर ग़लत था, क्योंकि प्रेम अगर होता है तो सौ फ़ीसदी, अनन्त, वग़ैरह या फिर बिलकुल नहीं। प्रेम का जिस अलौकिक स्तर पर आदान-प्रदान होता है उसकी भाषा अलग है। वास्तविकता के आग्रह में पड़कर यह समय यह समझने-समझाने का समय नहीं था कि ग़लत भाषा में जीना ग़लत मूल्यों में जीना है। हो सकता है कि गणित-सत्य यही हो कि प्रेम चालीस फ़ीसदी से ज़्यादा सम्भव नहीं, लेकिन प्रेम की भाषा में जीवन गणित नहीं, ईश्वर का वरदान है, ईश्वर अनन्त है, और क्योंकि हम सब प्रेम करते हुए अनन्त में मिल जाया करते हैं इसलिए प्रेम भी अनन्त है, प्रेम ही ईश्वर है, वग़ैरह-वग़ैरह। प्रेम अचल का चालीस फ़ीसदी नहीं, अचला का सौ फ़ीसदी है!

अचल मूर्खों की तरह अचला की आँखों में देखता रहा। उनमें नमी तो थी, लेकिन गहराई का पता नहीं चलता था। सहसा उसे एक उत्तर सूझा। बिना कुछ कहे उसने अचला के काँपते होंठों को चूम लिया—पहले बहुत धीरे से, फिर बहुत धीरे से नहीं। अचला ने कोई आपत्ति नहीं की, न कोई सहयोग दिया।

अब अचला के लिए सोचने की बात होनी चाहिए थी कि वह अचल की इस शारीरिक प्रतिक्रिया का क्या मतलब लगाए, जो न गणित था न दर्शन! सवाल करनेवाले मुँह को यदि जवाब देनेवाला मुँह केवल छू दे तो इसका अर्थ 'हाँ' हुआ या 'न?' या कुछ और? या कुछ नहीं?—ऐसे पेचीदा पहलू थे जिन पर सोच-विचार करने में अचल निश्चित था, अचला को उससे कहीं अधिक समय लगेगा, और फिर भी वह किसी असन्दिग्ध निष्कर्ष पर पहुँच सकेगी, इसमें स्वरक्षात्मक सन्देह था।

अचल के चेहरे पर भारी सन्तोष था—वैसा ही सन्तोष जैसा मातवाला आख़िरी मोहरा चलते समय किसी होशियार शतरंज के खिलाड़ी के चेहरे पर होता है। मगर ज़रा उस स्थिति की कल्पना कीजिए जबकि प्रतिद्वन्द्वी न केवल उस चाल से अपने बादशाह को बचा ले जाए बल्कि ऐसी चाल चले कि विजेता होनेवाले का

वज़ीर पिट जाए!...

यानी, अचला ने इस स्थिति पर दो सेकंड भी विचार नहीं किया और लपककर अचल के गले से लिपट गई। बेचारा गिरते-गिरते बचा, और उसे यह मानना पड़ा कि दरअसल किसी लड़की का प्यार पाना उतना मुश्किल नहीं जितना उसका पार पाना!

अचल को किसी जासूस की तरह तलाशती आँखों से देखते हुए उसके आदरणीय बड़े भाई साहब ने बड़े सधे हुए स्वर में कहा, 'किस का फ़ोन है?'

किसी का नहीं–अचला का फ़ोन था।

भाई साहब को यक़ीन था कि उन्हें पूछना नहीं पड़ेगा, अचल स्वयं बताएगा कि किसका फ़ोन है। अचल को यक़ीन था कि यदि वह स्वयं न बताये तो भाई साहब पूछेंगे नहीं कि किसका फ़ोन था। और आज पहली बार उसने तय किया कि वह उनके नहीं, इस बार अपने यक़ीन पर चलकर देखेगा। मगर इस बार दोनों का यक़ीन ग़लत निकला।

'है कौन वह लड़की?' भाई साहब ने मुँह फुलाकर पूछा तथा पिताजी ने, और माताजी ने, और भाभीजी ने, और बुआजी ने, और...न जाने किस-किस ने किस-किस तरह, पूछा।

'है एक ग़रीब लड़की।'

'ग़रीब लड़की? तो क्या यह घर ग़रीबख़ाना है?'

'काफ़ी पढ़ी-लिखी है।'

'तो क्या यह घर पाठशाला है?'

'सुन्दर है।'

'तो क्या और सब इस घर में बदसूरत हैं?'

'गाना भी जानती है।'

'तो क्या यह घर...?' इन लोगों से बात करना बेकार था। ये लोग किसी भी चीज़ को बेकार साबित कर दे सकते थे। किसी समझदार को बीच में लाना ज़रूरी था। एक बहुत पुराने दोस्त हाथ लगे। अचल ने उन्हें सारी परिस्थिति संक्षेप में बताई–संक्षेप

में क्या, परिस्थिति ही संक्षिप्त थी।

'लड़की का चालचलन कैसा है?'

'मालूम नहीं।'

'मालूम करो।'

'कैसे?'

'दूसरों से।'

'दूसरों से? उसका चालचलन? उसी से क्यों नहीं?'

'अपना चालचलन अपने जानने की चीज़ नहीं, दूसरों के जानने की चीज़ है। खुद तो हर व्यक्ति अपने को ठीक समझता है, दूसरे ठीक समझें तो समझो ठीक!'

'दूसरों की निगाहों में कुछ गड़बड़ी हो तो?'

'उस गड़बड़ी का दंड गड़बड़ दिखाई देनेवाली चीज़ को भुगतना पड़ेगा। हमेशा से यही होता आया है। अपनी कम-निगाही या ग़लत-निगाही से अगर आप मोटर किसी आदमी पर चढ़ा दें तो तजुर्बा यही कहता है कि आपसे ज़्यादा नुक़सान उस आदमी का होगा। हमेशा से यही होता आया है...बहरहाल, अपने-आपको बदचलन कोई नहीं कहेगा, और अगर दूसरे उसे बदचलन कहते हैं, तो कहीं कुछ गड़बड़ी है, और तुम्हें फ़ौरन चौकन्ने हो जाना चाहिए...।'

'और मान लीजिए स्वयं को कोई बदचलन मान ले तो?'

'और ज़्यादा सावधान रहने की ज़रूरत है। इसके मानी वह आपको अपने से भी बड़ा बदचलन मानता है!'

'अजीब तर्क है!'

अचल के पूछने पर अचला दृढ़ता से बोली, 'हाँ, मैं बदचलन हूँ पर तुम्हें हृदय से प्यार करती हूँ।'

अचल सोचने लगा—उसकी सारी मानसिक तहक़ीक़ात के आधार को ही बड़ी कुशलता से समाप्त करके उसे प्यार जैसे उतने ही वज़नी, या उससे भी ज़्यादा वज़नी, आधार पर कुछ इस तरह टिका दिया गया था कि सारी उम्र, अगर प्रेमिका न चाहे

तो उसके प्रेम की असली गहराई का पता प्रेमी के लिए लगा सकना असम्भव था। जहाँ तक प्रेम का सवाल था वह एक ऐसा जटिल मूल्य माना गया है कि उसे परखने की ज़्यादा कोशिश करने से परखनेवालों के खुद के मूल्यों पर आँच आने का ख़तरा पैदा हो जाता है, और मुश्किल नहीं कि वह शीघ्र ही नायक से खलनायक मालूम पड़ने लगे। असली नायक प्रेम की उपेक्षा करने का साहस कभी नहीं कर सकता...इसीलिए एक नायक के लिए सबसे कठिन परीक्षा का समय वह नहीं जब पुराने ज़मानों में उसे किसी प्रसिद्ध पौराणिक दैत्य से बीहड़ वन में युद्ध करना पड़ता था, बल्कि वह जब आज के ज़माने में उसे अपने कमरे में अकेले बन्द होकर अपना सामना करना पड़ता है। जब साहस से भी अधिक दुर्लभ चीज़ बुद्धि हैरान होकर रह जाए तब समझिए कि नायक असली परीक्षा से गुज़र रहा है।...बहरहाल, समस्या इस समय घटनात्मक उतनी नहीं थी जितनी विचारात्मक और यदि उसका कोई हल सम्भव था तो वैसी ही किसी बारीक़ बात या तर्क में जैसे किसी बहुत बड़े राक्षस को वश में करने की सारी तरकीब किसी पिंजड़े में बन्द एक तोते में हो...।

'अचला, क्या तुम सचमुच मुझे बहुत प्यार करती हो?'

'हाँ?'

'मेरे सवाल और अपने जवाब को फिर एक बार ठीक से सोचकर बताओ कि वह जो तुम चाहती हो प्यार ही है न? और कुछ तो नहीं?'

'प्यार, केवल प्यार। मैंने अच्छी तरह सोच लिया है।'

'तो फिर प्यार, केवल प्यार, तुम्हें देने का वादा करता हूँ। लेकिन उसके अलावा और कुछ नहीं दे सकूँगा!'

'और कुछ से तुम्हारा क्या मतलब?'

'वह सब जिसके बिना शायद प्यार भी बहुत दिनों तक सम्भव न हो पाए, जैसे विवाह...।'

अचला चुप थी और उसकी चुप्पी की गाढ़ी व्यथा को अचल महसूस कर रहा था। कुछ देर बाद बोली, 'यदि हम विवाह कर लें तो उससे क्या प्यार में बाधा पड़ेगी?'

सवाल में निहित कटु व्यंग्य को सुलझाते हुए अचल बोला, 'सवाल विवाह की बजह से प्यार में बाधा का नहीं, और वजहों से विवाह में बाधा का है।'

'क्या तुम भी यही समझते हो कि और वजहें...?'

'सवाल मेरे समझने का नहीं, दूसरों को समझा सकने का है।'

'अगर दूसरे न समझें तो?'

'तो फिर हमारे बीच उतना ही बचता है जितना हम और तुम समझते हैं—यानी केवल प्यार।'

'और इस प्यार का क्या रूप होगा?' अचला के लिए अब अपनी निराशा छिपाना कठिन होता जा रहा था।

'बिलकुल अव्यावहारिक! हम दोनों मुक्त, एक-दूसरे के लिए भी और एक-दूसरे के बिना भी!'

अचला सोच रही थी—अचल मुझे एक साधारण पुरुष की तरह, बिना इतने अप्रिय तर्क में पड़े, क्यों नहीं अस्वीकार कर देता?

अचल के अमानुषिक तर्क से हताश प्राणी की तरह जूझते हुए अचला ने पूछा, 'यह...यह...ग़लत नहीं?'

'यह केवल प्यार है। ग़लत या सही नहीं। अगर यह ग़लत है तो वहाँ से ग़लत है जहाँ से हम 'केवल प्यार' से शुरू करते हैं, अगर सही है तो इसे वहाँ तक सही होना पड़ेगा जहाँ और भी बहुत-कुछ है।'

'जैसे?'

'जैसे दूसरे।'

अचला खीज उठती है, 'बस करो इस विकृत बहस को जिसमें हर चीज़ इतनी अ-सरल है।'

'प्यार करनेवालों के लिए कुछ भी सरल नहीं है।'

अचला रोती है। अचल उसे विवशता से देखता है। सहसा उसके चेहरे को अपने हाथों में लेकर उसकी भीगी पलकों पर अपने होंठ रख देता है। किन्तु अचला इस बार अलग हट गई—'ठहरो! मैं बदचलन नहीं हूँ।...अब बताओ हमारे बीच क्या सम्भव है, क्या नहीं?'

'तो क्या तुमने झूठ...?' अचल अविश्वास से बोला।

'सवाल झूठ और सच का नहीं, सवाल दूसरों को समझा सकने का है! मैंने तुमसे...सिर्फ़...तुमसे...कहा था कि मैं बदचलन हूँ किन्तु तुम्हें हृदय से प्यार करती हूँ। तुम दूसरों को बीच में लाए हो तो उतना ही जान सकते हो जितना दूसरे सचाई या झूठ के बारे में जान सकते हैं। मैं कहती हूँ, मैं एक भली स्त्री हूँ जो एक भले आदमी से विवाह, केवल विवाह, करना चाहती है। दो मुझे वह सब जो एक समर्थ पुरुष को एक भली स्त्री को देना चाहिए। मुझे पुरुष चाहिए...उसका पुरुषार्थ चाहिए : धर्म, अर्थ, काम, मोक्ष चाहिए। तुम मेरे चाल-चलन का पता लगाओ...वह ग़लत निकले तो मुझे छोड़ देना, जैसे इस समय छोड़ रहे हो...मैं किसी और को खोजूँगी...तुम किसी और को...!'

'अचला, अचला, मुझे ग़लत मत समझो!'

'ग़लत-सही का क्या मतलब? वह सिर्फ़ सत्य है...न ग़लत, न सही, न प्यार...!'

'अचला, प्लीज़, समझने की कोशिश करो। चीज़ें इतनी आसान नहीं।'

'मैं कब कहती हूँ, आसान हैं। प्यार में कुछ भी आसान नहीं, न तर्क में। अगर हम प्यार से किसी सचाई तक नहीं पहुँच सकते तो तर्क से भी नहीं...।'

मैं नहीं जानता कि यह कहानी दुःखान्त हुई या सुखान्त। हो सकता है, उन्होंने सिर्फ़ प्यार किया हो। हो सकता है, उन्होंने सिर्फ़ विवाह किया हो। या हो सकता है कि उनके बीच सिर्फ़ बहस चलती रही हो कि वे क्या करें...!

मुग़ल सल्तनत और भिश्ती

हुमायूँ के तलवार, ख़ंजर, जिरहबख़्तर वग़ैरह से मेरा ध्यान हटकर एकाएक उस आदमी पर टिक गया जो बड़ी देर से इन चीज़ों को ध्यान से देख रहा था। मुझे लगा कि अजायबघर में रखी तमाम ऐतिहासिक चीज़ों से कहीं अधिक ऐतिहासिक वह व्यक्तित्व हो सकता है। वह इस ज़माने का तो नहीं ही मालूम पड़ता था। किस ज़माने का है, यह जानने के लिए मैंने सहसा उससे एक ऐसा सवाल कर दिया जो हुमायूँ की तलवार की तरह टेढ़ा था:

'मैं नहीं मानता कि यह भारी-भरकम तलवार उसी

शख़्स की है जिसका वह छोटा-मोटा जिरहबख़्तर। उस जिरहबख़्तर के नाप के आदमी के लिए इस तलवार को चलाना तो दूर रहा, उठाना भी मुश्किल ही होगा।'

भर्राई हुई, मगर सधी आवाज़ में वह बोला, 'ज़ाहिर है कि आप बादशाही तलवारों के बारे में कुछ नहीं जानते। बादशाहों के पास हमेशा दो तरह की तलवारें हुआ करती थीं...लड़ने की छोटी तलवार अलग, और दिखाने की बड़ी तलवार अलग। एक बादशाह की कमर में बँधी रहती थी, दूसरी घोड़े की कमर में। आप जिस तलवार को देख रहे हैं वह बादशाह सलामत की दिखानेवाली तलवार है। लड़नेवाली तलवार कहीं गुम हो गई...।'

जिस इत्मीनान से उसने मुझे यह बात बताई उसने मेरी दिलचस्पी को दूना कर दिया था। ऐसा लगा कि मैं उस आदमी से वह कुछ पा सकता था जो सैकड़ों साल दुनिया-भर के अजायबघरों में घूमकर नहीं पा सकता था! पूछा, 'आप कौन हैं? कहाँ से तशरीफ़ ला रहे हैं?'

'काबुल का रहनेवाला हूँ। मेरा नाम शमसुद्दीन है। यहाँ घूमने आया था...इस जगह भी चला आया।'

'इतिहास के बारे में इतनी गहरी जानकारी कैसे?'

'मुग़लों के बारे में थोड़ी दिलचस्पी रखता हूँ....।' वह चुप हो गया तो मैंने उसे आगे उकसाया।

'कहते हैं, हुमायूँ के वक़्त में कोई भिश्ती...?'

'हाँ-हाँ, हो गया था, बादशाह हो गया था...यही न?' उसने मानो हद-भर अपने को सँभालते हुए कहा, 'उस कहानी को कौन नहीं जानता! बच्चा-बच्चा 'निज़ाम सक़्क़ा' की कहानी को पहले जानता है, हुमायूँ की कहानी को बाद में!...और शायद उस कहानी को कोई ही जानता हो कि कैसे...?' एकाएक उसकी आवाज़ बिलकुल फीकी पड़ गई।

मेरे उत्सुकता दिखाने पर बोला, 'उस दिन का ज़िक्र है जब निज़ाम सक़्क़ा बादशाहत की तलाश में आगरा पहुँचा। बादशाहत से किसका दिमाग़ नहीं फिर जाता?...सक़्क़ा तो सक़्क़ा। ज़मीन पर सीधे क़दम नहीं पड़ रहे थे। एक शानदार इमारत के सामने खड़े

आदमी को बख़्शीश के तौर पर चमड़े का एक टुकड़ा थमाकर बोला, 'अन्दर ख़बर करो कि हम आए हैं...।'

हाजिब ने चमड़े के टुकड़े को उलट-पलटकर देखा और घुड़ककर पूछा, 'तू कौन है बे?'

'सक़्क़ा।'

'यह क्या है?'

'सिक्का।'

'मतलब?'

'चलेगा।'

हाजिब उसे भौचक देखता रह गया। फिर डपटकर बोला, 'चुप बे! अपनी हैसियत में रहकर बात कर, वरना मारे जूतों के खोपड़ी भुस कर दूँगा। सारा मज़ाक़ हवा हो जाएगा।'

'मज़ाक़?' शाही शान से सिर उठाकर सक़्क़ा बोला, 'हम नहीं करते। हमारा काम अब हुकूमत है...।'

हाजिब को अपने कानों पर यक़ीन नहीं आ रहा था। अगर यह आदमी बिलकुल ही पागल नहीं था तो गज़ब की हिम्मत दिखा रहा था।

'हुकूमत के बच्चे, अपनी ख़ैरियत चाहता है तो भाग यहाँ से वरना सारा पागलपन उतार दूँगा। उल्लू का पट्ठा...!'

'नहीं। बादशाह...।'

हाजिब उसकी ओर बढ़ा, मगर भिश्ती ने कुछ इतने शानदार तरीक़े से उसको इशारे से रोका कि उसका ग़ुस्सा एकाएक हँसी के एक ठहाके में बदल गया।

भिश्ती कहता गया, 'अगर अपनी ख़ैरियत चाहते हो तो अन्दर जाकर अमीर हाजिब को ख़बर दो कि हम उससे मिलना चाहते हैं।'

चाऊश, जो पास ही खड़ा था, सारे तमाशे को मज़ा लेकर देख रहा था। बोला, 'कुछ नहीं--पिए है। बीस कोड़े लगाओ, बादशाहत का नशा उतर जाए।'

हाजिब को शायद यह सुझाव जँच रहा था। उसका इरादा भाँपकर भिश्ती बोला, 'पछताओगे।' फिर चाऊश की ओर चमड़े का एक सिक्का बढ़ाते हुए बोला, 'तुम भी लो और...।'

मगर उसकी बात पूरी होने से पहले ही चाऊश ने उसकी गरदन थाम ली और कसकर समझाया, 'अबे होश में आ वरना ये गरदन पगड़ी की तरह उतर जाएगी। ये सिक्का ले जाकर अपनी औलाद के बाजू पर तावीज़ की तरह बाँध दे...बादशाहों की नज़र नहीं लगेगी...वरना यतीम हो जाएगा!'

अमीर हाजिब चक्कर में पड़ गए। दूरबाश को होशियार कर दिया। 'पागल मालूम पड़ता है।' कोई बोला, 'पीर है!' कोई बोला, 'बावर्ची है।' कोई बोला, 'खर है!' हाजिब ने कहा, 'भिश्ती...।'

'नाम?' अमीर हाजिब ने पूछा।

'निज़ाम।'

'औलिया?'

'सक़्क़ा।'

'...!'

'अबे तो जाकर कहीं पानी भर!' एक फ़र्राश से न रहा गया, 'यहाँ क्या कर रहा है?'

'इन्तज़ार।'

'किसका?'

'बादशाह का!' सबने नकीब की ओर देखा। नकीब ने बिना किसी बातचीत के भिश्ती की दाढ़ी पकड़ ली। चाऊश ने बातचीत शुरू की–

'बादशाह के बच्चे! ज़बान सँभालकर बोल वरना निकाल ली जाएगी, और खाल खींचकर भिश्ती से मशक बना दूँगा।'

मगर अमीर हाजिब कुछ और सोच रहे थे। मामला इतना आसान नहीं...वरना भिश्ती और इतनी हिम्मत दिखाए! ज़माना नाज़ुक था। बादशाहतें डाँवाडोल थीं। आए दिन बादशाह तमाम भिश्ती हो जाते थे। क्या ठीक कोई भिश्ती...अमीर हाजिब का सिर घूमने लगा। एहतियात ज़रूरी थी। मामले की तह तक पहुँचना होगा।

चमड़े के टुकड़े को एक बार हवा में उछाला, फिर सक़्क़ा से मुलायमियत से पूछा, 'इसका क्या राज़ है, ठीक-ठीक बताओ!'

और एक दीनार उसने सक़्क़े की ओर फेंक दिया।

'दीनार !' सक़्क़ा हँसा। चमड़े के टुकड़े के नीचे रखकर उसने नापा और बोला, 'उस रात का ज़िक्र है जब शेरख़ाँ से शिकस्त खाकर हज़रत जहाँबानी गंगा नदी की ओर बढ़े लेकिन पुल को टूटा हुआ पाकर, घोड़े पर सवार तैरनेवाले तिम्साह के मानिन्द दरिया में कूद पड़े। मगर बदक़िस्मती से घोड़ा उनकी रानों से निकलकर बह गया और वह पानी में डुबकियाँ लेने लगे। उसी वक़्त मैं, एक सक़्क़ा उनके रास्ते का ख़िज्र बना और अपनी मशक के सहारे उनको भँवरों के जहन्नुम से निकालकर किनारे के बहिश्त तक पहुँचा आया। हज़रत जहाँबानी ने इस बीच मुझसे पूछा, 'तेरा नाम क्या है?' मैंने कहा कि 'निज़ाम' तो बोले, 'निज़ाम औलिया' और मुझ पर मेहरबानी करते हुए वादा किया कि जब अपनी सल्तनत फिर हासिल करूँगा तो तुझे आधे दिन का बादशाह बनाऊँगा...।'

सुनकर सब लोग सन्न रह गए। किसी को अपने कानों पर यक़ीन न हो रहा था। अमीर हाजिब सिर झुकाए अपने जूतों की ओर देख रहा था–बस, इतना ही बोल सका, 'मुआ...फ़ी...!'

'है।' भिश्ती ने सहूलियत और शान से कहा, 'मैं बादशाह ही नहीं, भिश्ती भी हूँ। चमड़े की औक़ात जानता हूँ। मेरे लिए हर चमड़ा बराबर है–चाहे वह मेरी मशक का हो, चाहे ग़ुलाम के जूते का हो, चाहे किसी के सिर का हो। मैं चमड़े-चमड़े में फ़र्क़ करना इंसानियत के ख़िलाफ़ समझता हूँ !–और यही मैं बादशाह बनकर साबित करना चाहता हूँ। एक छोटा-सा अदना चमड़े का टुकड़ा भी आपके सोने के दीनार से पानी भरवा सकता है।' भिश्ती के चेहरे पर ग़ज़ब की रौनक़ थी।

'आप बुरा न मानें तो एक सलाह दूँ?' बहुत ही सँभलकर अमीर हाजिब ने अर्ज किया। (उसको फ़िक्र हो गई कि कहीं वाक़ई बादशाह सलामत इस नामाकूल को तख़्त पर न बैठा दें। ग़ज़ब हो जाएगा। अमीरों पर बहुत बुरा असर पड़ेगा। हिन्दुस्तान का वह तैमूरलंगी तख़्त जिस पर बाबर जैसे बादशाह बैठ चुके थे, उस पर एक भिश्ती !...या ख़ुदा...एक बार सोचा इसको यहीं

क्यों न ख़त्म कर दूँ? फिर सोचा, पहले मीरज़ा कामरान व मीरज़ा अस्करी से राय कर ली जाए। हज़रत जहाँबानी की तशरीफ़ आने में कुछ देर थी।)

'ज़रूर!' भिश्ती ने इत्मीनान से कहा।

'माशाअल्लाह बादशाह सलामत की क़दमपोशी कीजिए कि इतनी बड़ी इज़्ज़त वे आपको बख़्शना चाहते हैं और उनसे अर्ज कीजिए कि उनका यह इरादा ही आपके लिए काफ़ी है। तख़्त के ख़्वाब देखना ख़तरनाक साबित हो सकता है...।'

'बादशाहों के लिए, भिश्तियों के लिए नहीं। जोखिम उसके लिए है जो पुश्तैनी बादशाह रहा हो और सिवाय बादशाहत के और कुछ करने के क़ाबिल न हो। मगर मैं, मैं पुश्तैनी भिश्ती हूँ...।'

अमीर हाजिब अन्दर-ही-अन्दर आगबबूला हो गया। एक भिश्ती की यह मज़ाल! न जाने कैसे अपने को सँभालकर उसे समझाने की एक कोशिश और की, 'यह आधे दिन की बादशाहत आख़िर किस काम की? सिवाय इसके कि आइन्दा के लिए आप किसी और काम के न रह जाएँगे। माना कि आप समझदार हैं, बादशाहत के बाद भी अपने को सँभाल ले जाएँगे। लेकिन ज़रा उन हज़ारों अपढ़ और जाहिल भिश्तियों की हालत को सोचिए जो आपकी बादशाहत के बाद हमेशा के लिए अपने को बादशाहों की औलाद समझने लगेंगे—और बेमौत मारे जाएँगे...इसलिए मैं हिन्दुस्तान के सारे भिश्तियों की ओर से आपसे एक बार फिर कहना चाहता हूँ कि आप इस नाक़िस बादशाहत से परहेज़ करें और भिश्तियों की मुनासिब औक़ात में ग़ैरवाजिब ख़लल न डालें।'

इतना कहकर अमीर हाजिब भिश्ती निज़ामुद्दीन (औलिया—नहीं) के सामने सिर झुकाकर खड़ा हो गया।

'आप भिश्तियों की फ़िक्र न करें। अपने बादशाहों की फ़िक्र कीजिए, और अपने ख़ुदा से इबादत, कि जब हज़रत जहाँबानी जैसा नेक और सच्चा बादशाह शेरख़ाँ जैसे मक्कार बादशाह से शिकस्त खाकर बीच भँवर में डूबता हो तो उसे मेरे जैसा कोई भिश्ती ख़िज़्र नसीब हो!'

बस, यह हद थी। इसके आगे अमीर हाजिब के लिए अपने

को रोक सकना नामुमकिन था। चीख़कर बोला, 'अबे भिश्ती के बच्चे, तेरी यह हिम्मत! बादशाहत की बात पीछे करना, पहले उसके एक अदना ताबेदार से बादशाहत के कुछ सबक़ तो सीखता जा...!'

मगर इसके पहले कि वह आगे बढ़ता, भिश्ती ने झपटकर उसके पाँव पकड़ लिये और बोला, 'आपकी ही तरह मैं भी सल्तनत का एक अदना ताबेदार हूँ। मगर आज के लिए ताबेदारी से मुआफ़ी चाहता हूँ क्योंकि आज आप सबकी बदक़िस्मती से बादशाह हूँ! यह आपके, और हुजूर बादशाह के भी, हक़ में अच्छा होगा कि मुझे अपने क़ीमती सबक़ों से बचाएँ और थोड़ी देर के लिए, ठंडे दिमाग़ से, वक़्त के उस असली सबक़ को सीखें जो एक भिश्ती बादशाहों तक को सिखा सकता है।'

अमीर हाजिब ने एक बार ग़ौर से भिश्ती की ओर देखा, फिर आसमान की ओर, और चुपचाप अपनी पगड़ी उतारकर उसके पैरों पर रख दी।

अमीर हाजिब जिस समय नंगे सिर, निज़ाम भिश्ती को लिये हुए, मीरज़ा अस्करी के सामने पहुँचा वे अफ़ीम के मीठे नशे में डूबे किसी हुस्नेनमकीं का मज़ा ले रहे थे। बार्बक ने बाअदब अर्ज किया, 'हुज़ूर, यह वो भिश्ती है जिसने हज़रत जहाँबानी को शेरख़ाँ से शिकस्त के बाद दरिया में डूबने से बचाया था...।'

'ख़ूब! मेवे से लदा एक ऊँट इसके घर पर भेज दो!' कहकर मीरज़ा अस्करी फिर अपने मज़े में मशग़ूल हो गए।

अमीर हाजिब बहुत-कुछ कहने गया था पर बाबरी ख़ानदान का हाल देखकर आगे और क्या कहता! समझ गया तख़्ते-मुग़लिया पर भिश्ती बैठकर ही रहेगा...।

और आख़िर वह तख़्त पर बैठकर ही रहा। मीरज़ा कामरान ने सिर धुन लिया। क़यामत है! हज़रत बादशाह की मेहरबानी का

यह कौन-सा शायराना अन्दाज़ है! ग़ुलाम के साथ दूसरे तरह की बख़्शिशें व रियायतें करनी चाहिए थीं, तख़्त पर बैठाना क्या ज़रूरी था? ऐसे वक़्त जब शेरख़ाँ सिर पर सवार, हज़रत जहाँबानी का एक भिश्ती को भी सिर पर चढ़ा लेना कहाँ की अक़्लमंदी है!

मीरज़ा हिन्दाल भी उस दरबार में न हाज़िर हुए। फ़ौज के इन्तज़ाम के बहाने वहाँ से खिसक लिए। जब एलान हुआ कि 'सारे अमीर ग़ुलाम सक़्क़ा की कोर्निश करें, ग़ुलाम जिसको जो चाहे बख़्शे, जो मनसब चाहे दे।' तो अमीरों की सूरत देखते बनती थी। लगता था उनकी इज़्ज़त की चमड़ी उधेड़कर रख दी गई है!

शहंशाह हुमायूँ की जान बच गई थी, इस पर उनके चारों ओर खुशियाँ मनायी जा रही थीं। राज्य नहीं था वरना राज्य-भर में खुशियाँ मनायी जातीं। आगरा पहुँचकर शेरशाह के लिए बादशाही रियायत जारी की गई। 'जा, तेरे लिए बंगला छोड़ दिया!' बादशाह के लिए शेरशाही जवाब आया, 'जा, तेरे लिए काबुल छोड़ दिया!'

दोनों ओर से लड़ाई की तैयारियाँ शुरू हो गईं। एक ओर शेरशाह जैसा दाना दुश्मन, दूसरी ओर हुमायूँ और मीरज़ा कामरान, हिंदाल और अस्करी जैसे नादाँ दोस्त!

लेकिन मीरज़ा कामरान को एक दूसरे तरह के ख़तरे ने परेशान कर रखा था। हज़रत जहाँबानी शेरख़ाँ से फिर लड़ने के लिए मुसिर थे...वहीं...उसी तरह...गंगा के किनारे...शेरख़ाँ की ज़मीन पर...शेरख़ाँ की शर्तों पर। अब की ज़रूर फ़तह होगी जैसा कि पिछली बार भी होनी चाहिए थी; मगर, अगर वैसा ही कुछ इस बार भी गुज़रे जैसा पिछली बार न गुज़रना चाहिए था मगर गुज़रा, तो इस बार पहले ही से इसकी पूरी एहतियात रहनी चाहिए कि जोखिम के वक़्त हज़रत के सामने फिर कोई भिश्ती न पड़ जाए। एक विश्वस्त ग़ुलाम को बुलाकर स्थिति समझाई।

'समझ गया, हुज़ूर! आप पूरा इत्मीनान रखें।'

'एक बात और। बादशाही इनामों से ज़्यादा कुछ क़बूल करने की हिम्मत न करना, वरना पछताओगे!...मुक़द्दम बेग को तुम

पर तैनात कर दिया गया है।' और अपने हज़ार आदमियों को इस्कन्दर सुल्तान के मातहत हुमायूँ की मदद के लिए छोड़कर कामरान ख़ुद लाहौर की ओर चला गया।

बादशाही फ़ौज जिस हालत में थी गंगा-तट पर पहुँची। एक मास पड़ाव किए रही। बादशाह नदी के एक ओर थे, शेरशाह दूसरी ओर। ऐसे ही वक़्त एक ऐसा वाक़िया गुज़रा जो आज तक हिन्दुस्तान की तारीख़ में ज़िन्दा है—यानी, दल-बदल। मुहम्मद सुल्तान मीरज़ा, जो तीमूरी ख़ानदान से था और जिस पर बाबर की ख़ास मेहरबानियाँ रह चुकी थीं, भाँप गया कि शेरख़ाँ की जीत होगी, और हुमायूँ को क़रीब-क़रीब बीच गंगा में छोड़कर शेरख़ाँ से मिल गया! दूसरों के लिए भी एक नया रास्ता खुला। तमाम लोग हुमायूँ की ओर से भाग-भाग कर शेरख़ाँ की ओर जाने लगे। फ़ौज-भर में अजब बदहवासी थी। लोग चिल्लाते थे, 'लश्कर की हवा गर्म है, हमें घर जाकर आराम करने दिया जाए।' कामरान के ज़्यादातर आदमी लाहौर की ओर हवा हो गए।

शेरख़ाँ की फ़ौज में पच्चीस हज़ार से अधिक आदमी न रहे होंगे...लेकिन सब अच्छे लड़नेवाले थे। चग़ताई फ़ौज में चालीस हज़ार से अधिक आदमी थे, लेकिन अच्छे लड़नेवाले मुश्किल से दस हज़ार। औसतन हर सौ सिपाही के पीछे पाँच-पाँच सौ ख़िदमतगार जो लड़ने से पहले भागने को मुस्तैद रहते। सात सौ गरदून थीं जिनमें से हर एक को चार-चार जोड़ी बैल खींचते थे। इनमें हर एक पर एक-एक ज़र्बज़न (तोप) लदी रहती जिससे पाँच सौ मिस्काल का गोला चलाया जाता। इक्कीस गाड़ियाँ ऐसी थीं जिन्हें आठ-आठ जोड़ी बैल खींचते। उनमें पत्थर के बजाय पाँच हज़ार मिस्काल के पिघलाए हुए पीतल के गोले भरकर चलाए जाते...उनकी मार एक फ़रसंग थी। मगर इस सब भारी-भरकम तैयारी को एक जगह से दूसरी जगह पहुँचाना अपने आप में ख़ुद एक भारी लड़ाई थी।

बादशाह की फ़ौज के लोग जब बिना लड़े ही भागने लगे

तो तय हुआ कि नदी पार कर ली जाए ताकि लोग आसानी से न भाग सकें...लिहाज़ा नदी पार कर ली गई। चारों ओर खाइयाँ खोदकर ख़ेमे लगे। मगर, बदक़िस्मती की मार...अन्धाधुन्ध बारिश। हर तरफ़ पानी भरने लगा। ख़ेमे बुदबुदों की तरह पानी पर तैर जाते। मीरज़ा हैदर दूगलात भेजे गए कि किसी ऐसी ऊँची जगह की तलाश करें जहाँ पानी की बेमौक़ा मार से तो बचत हो...बचत हुई।

जैसे-तैसे करके एक दिन साफ़ मौसम देखकर लड़ने का भी मौक़ा आया। लड़ाई का तब्ल बजा। 27 अमीर, तीपूचाक घोड़ों पर सवार, तूग, तेग, तीर, तुफ़ंग से लैस, मय अपने सिपाहियों, ताबेदारों, हिजड़ों, मसख़रों के मैदान में उतरे। मगर जब शेरख़ाँ अपनी फ़ौज का मुआयना करने के लिए अपने ख़ेमे से बाहर निकला तो इन 27 तूगों में से एक भी तूग दिखाई न दिया! कहते हैं, लड़ाई से ज़्यादा भिड़ाई हुई! ऐसी घमासान भगदड़ कि एक भी न तो दुश्मन घायल हुआ, न दोस्त! कोई ज़र्बज़न को आग दिखानेवाला भी न मिला। तोपें शहतीर की तरह पड़ी रहीं। देखते-देखते शेरशाह के लिए मैदान साफ़ हो गया। (भागनेवाले ऐसा भागे कि तोपें ही नहीं, अपने हरम तक छोड़कर भागे। बाद में, कहते हैं कि शेरख़ाँ ने तोपें तो रख लीं मगर औरतें वापस कर दीं, शाही औरतें तक!)

हज़रत बादशाह ने मैदान में जमे रहने की कोशिश की तो किसी ने उनके घोड़े की लगाम पकड़कर उसे नदी की ओर घुमा दिया—एक लाजवाब शेर के साथ जिसका मतलब था कि, 'जब दोस्त साथ न दें तो शिकस्त को ख़ुदा की इनायत समझ और भाग।' सो हुज़ूर बादशाह भागे। नदी के किनारे उनको पारीसाल नामक हाथी दिखाई दिया जो फ़िरदौस मकानी के हाथियों में से था। एक महावत हाथी के हौदे में था, बादशाह सलामत भी उसी हौदे में हो लिये। साथ में ख़्वाजा क़ाफ़ूर गुलाम भी। महावत ने हाथी शेरख़ाँ की फ़ौजों की ओर ले जाना चाहा... तलवार के एक ही हाथ से बादशाह ने उसकी गरदन उड़ा दी। काफ़ूर किसी तरह हाथी को नदी के पार ले गया...मगर...

आगे ज़बरदस्त मुश्किल थी। नदी तो किसी तरह पार कर ली गई, मगर किनारा पार करना इतना आसान न था! बक़ौल बादशाह के, 'नदी का किनारा ऊँचा था...मैं ऊपर न चढ़ पा रहा था कि उसी वक़्त किसी ने मेरा हाथ पकड़कर मुझे ऊपर खींच लिया...।' ख़ुदा का लाख-लाख शुक्र कि जिसने, काफ़ और नून मिलने भी न पाए थे कि, सारी दुनिया को पैदा कर दिया!...कहा कि, 'हो जा, बस हो गई। हज़रत बादशाह की जान बचनी थी, बच गई। सल्तनत जानी थी, चली गई...!'

इतना कहकर वह आदमी चुप हो गया। फिर एक ठंडी साँस भरकर बोला, 'अच्छा, अब आपसे रुख़सत होऊँगा...ख़ुदा हाफ़िज़!'

घर आकर सबसे पहले मैं उसकी कहानी की सचाई की छानबीन पर जुटा तो नतीज़े पर सन्न रह गया! पता चला उस ग़ुलाम का नाम, जिसने हुमायूँ की जान बचाई थी, शमसुद्दीन ख़ाँ अतका था और वह ग़ज़नी का रहनेवाला था। फ़रवरी, 1529 में वह ख़्वाजा कलाँ की ओर से दूत बनकर बाबर की सेना में पहुँचा था और फिर बाबर का ख़त लेकर काबुल वापस गया था। सम्भवतः कामरान को वह ख़्वाजा कलाँ से मिला था...।

गया। जो कपड़े मैं नहीं पहने था उनकी तरफ़ उसका ध्यान रहा होगा। मैं अपने कपड़ों के एक ओर था और वह मेरे कपड़ों के दूसरी ओर। इस तरह दो क़िस्में बन सकती थीं जिनके बीच अगर तनाव न हो तो पैदा किया जा सकता था। दोनों के बीच सिवाय तनाव के और कोई रिश्ता नहीं होना चाहिए था, मगर था। दोनों के बीच कोई परदा होना चाहिए था, मगर नहीं था। मैं ज़रूरत से ज़्यादा कपड़े नहीं पहने था, वह ज़रूरत से ज़्यादा नंगा नहीं था। फिर भी इस ज़रूरत से ज़्यादा और ज़रूरत से कम को लेकर कहीं एक फ़र्क़ था जो उसे ज़रूरत से ज़्यादा नंगा बनाता था और मुझे उसी अनुपात में उसकी नंगई के ख़िलाफ़ गुनहगार।

उसने बिना कुछ सोचे कहा, 'कपड़े दीजिए।'

'लेकिन इन्हें तो मैं पहने हूँ।'

'तो उन्हें जिन्हें आप पहने नहीं हैं।'

'न दूँ तो?'

'बेइज़्ज़ती होगी।'

मेरी पत्नी को देखकर बोला, 'इनके कपड़े भी।'

मैं चुप रहा। कपड़ों और इज़्ज़तों का सवाल था, और वह आदमी हर तरह से उन्हें उतार लेने पर उतारू था। हारकर मैंने पूछा, 'वापस कब?'

'जल्दी ही।' उसने इतनी जल्दी से कहा कि उसका मतलब 'कभी नहीं' भी हो सकता था।

मैंने उसे बैठने को कुर्सी दी। सवाल मेरी इज़्ज़त का था। वैसे वह ज़मीन पर बैठने को तैयार था क्योंकि वह ख़ुद उस तरह की चीज़ों को ग़ैरज़रूरी समझता था जिनके साथ अब इज़्ज़त जैसी असुविधाजनक चीज़ जुड़ी हो। वह एक ठस और खुरदरी ताक़त था जिस पर इज़्ज़त हमला करके ख़ुद ही मुँह की खाती। मेरे और उसके बीच अब सिर्फ़ कपड़े ही नहीं, एक कुर्सी भी थी। यद्यपि वह कुर्सी भी मेरी ही थी लेकिन उस पर वह बैठा इस तरह था, मानो उसकी ही हो। उसने बेलिहाज़ उस कुर्सी का मुआयना किया और पूरी तरह असन्तुष्ट हुआ। मैं समझ रहा था,

धन्यवाद देगा लेकिन यह धोखा भी जल्दी ही दूर हो गया...उससे कुछ भी पाने की उम्मीद रखना बेकार था।

'आपके पास कुल कितने कपड़े हैं?'

'मैंने कोई हिसाब नहीं रखा।'

'ग़लती की,' वह तपाक से बोला, 'बहुत ग़लती की। फँस सकते हैं। इसका मतलब आपके पास बेहिसाब कपड़े हैं...आपकी बीवी के पास भी...आपके बच्चों के पास भी। रिश्तेदारों, दोस्तों, नौकरों, सबके पास...बेहिसाब। सारे कपड़े आपके पास हैं, इसलिए सारे कपड़े आपसे ले लिये जाने चाहिए। आप कपड़े पहने हुए भी हैं, घर में रखे हुए भी हैं, बाहर बाँटे हुए भी हैं...और चारों तरफ़ तमाम लोग नंगे हैं। आपको शर्म नहीं आती? क्यों न आपके सब कपड़े ले जाऊँ?'

और मुझे पहली बार शर्म आई, कपड़ों को लेकर। न पहनने पर नहीं, पहनने पर। उस आदमी के तर्क में ताक़त थी; ग़ुस्से में और ज़्यादा ताक़त थी। मेरी इज़्ज़त बुज़दिल थी क्योंकि मेरे पास कपड़े थे और वह आदमी अगर चाहता तो वे साफ़ नहीं रह सकते थे।

मेरा सिर झुका हुआ था। मैंने विनम्रता से कहा, 'अगर मेरे कपड़ों से सबकी नग्नता ढँक सके तो मेरे कपड़े ले लीजिए, मगर मुझे शर्मिन्दा न कीजिए...।'

'इस तरह की बातें करना मक्कारी है। अगर आपके कपड़ों से एक आदमी की भी नग्नता ढँक सके तो ढँकी जानी चाहिए।'

'एक आदमी की नग्नता तो ढँकी है। क्या आपका मतलब किसी ख़ास आदमी से है?'

अच्छे तर्क में ग़ुस्सा बाधक होता है। अच्छे ग़ुस्से में तर्क बाधक होता है। वह आदमी ज़बरदस्त ग़ुस्सा दिखा रहा था। तर्क भी दिखा रहा था जिसमें कमज़ोरी हो सकती थी। उसी कमज़ोरी को खोजते हुए मैंने कहा, 'आप ठीक कह रहे हैं। सबकी बात न करके किसी एक की बात से शुरू करें तो अगर सबका नहीं तो किसी एक का भला तो होगा ही...।'

उसके कान खड़े हो गए। उसने मेरी ओर पहले तो गहरे

अविश्वास से देखा, फिर उससे भी गहरे विश्वास से देखा...और देखता रह गया। बोला, 'सुझाव को ज़रा और स्पष्ट कीजिए।'

मैंने पहली बार दृढ़ता से कहा, 'आपकी इज़ाज़त है तो बिलकुल स्पष्ट किए देता हूँ। अगर एक आदमी से ही शुरू करना है तो आप ही बताइए मुझे और कौन आदमी मिल सकता है जो आपसे ज़्यादा नंगा हो?'

वह मान गया। उसने मेरे सब कपड़े नहीं लिये। कुछ कपड़ों की गठरी बाँधकर चला गया। कह गया, 'पूरी कोशिश करूँगा कि हम दोनों के कपड़े साफ़ रहें, क्योंकि हम दोनों की इज़्ज़त का सवाल है।'

●●●